私たちのお弁当

クウネルお弁当隊・編

はじめに

さまざまな仕事、さまざまな1日、さまざまな暮らし。
さまざまな47人の、ある日のお弁当を集めてみました。
毎日作っているというひと、気が向いたときだけというひと。
共通点は、どれもが自分のために、自分でこしらえたお弁当だということ。

料理が好き、外食が苦手、健康のため、お金の問題、等々、
お弁当生活をはじめた理由は、ひとによってそれぞれのようです。
でも、何からはじまったとしても、結局のところは、お弁当っていいなあ、となる。
だから続くし、続けるにつれて育つカンもあって、
お弁当作りというのは、さらに楽しく、らくになっていくものでもあるようです。
「お弁当は冷めていてもあたたかい」
そんな言葉をぽろりとくちにした女性もいました。
お弁当がうれしい理由は、それに尽きるのかもしれません。

47人の手製弁当は、そのひとの顔のように、
ひとつとして同じ献立、同じレイアウト、同じものはありません。
お弁当には、限られた空間に小さな世界を完成させる
自分のための箱庭作りのようなよろこびもふくまれている気がします。
そこには、作り手のセンスと生活が詰まっているのです。

お昼の自分が少しでも元気になるように。
ふたを開けた誰かの顔に笑顔が浮かぶように。
誰かが誰かを思いながら作るから、お弁当は冷めていてもあたたかいのです。

私たちのお弁当　12の約束

1 自分の好きなおかずを入れる。

2 甘辛い、すっぱい、苦い、甘い、しょっぱい……味はとりどりにする。

3 赤、緑、黄、茶、白……色もとりどりにする。

4 おかずをとりどりにしながら、栄養の帳尻も合わせる。

5 時間がたってもおいしい。時間がたつと、もっとおいしい。

6 おかずの味がまじりあってもおいしい。まじりあうと、もっとおいしい。

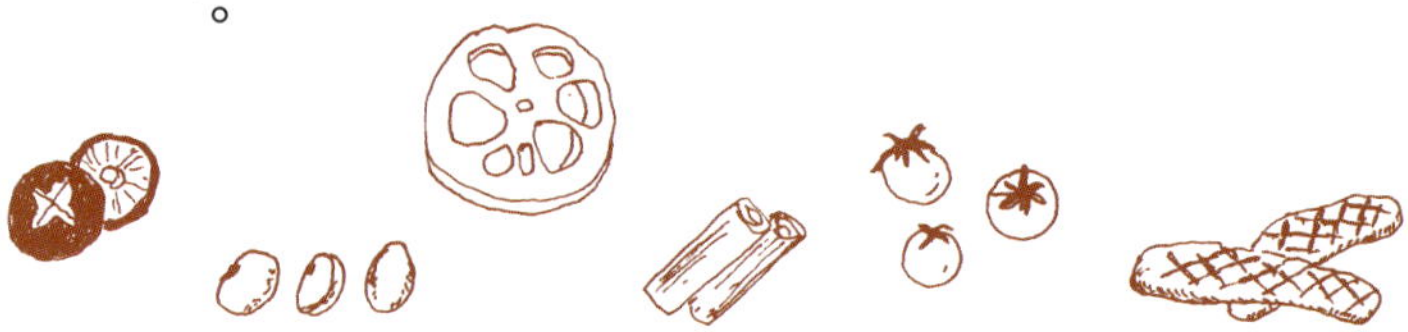

7 素性もたしかでゴミも出ない。手抜き弁当でも、できあい弁当より、上等。

8 常備菜名人になる。

9 あわただしい朝のために、時間があるときに手間貯金をしておく。

10 夕ごはんのしたくのとき、明日のお弁当を考えるくせをつける。リズムを作る。

11 ふたを開けたときにうれしくなるように詰める。

12 自分を喜ばせるお弁当を作る。

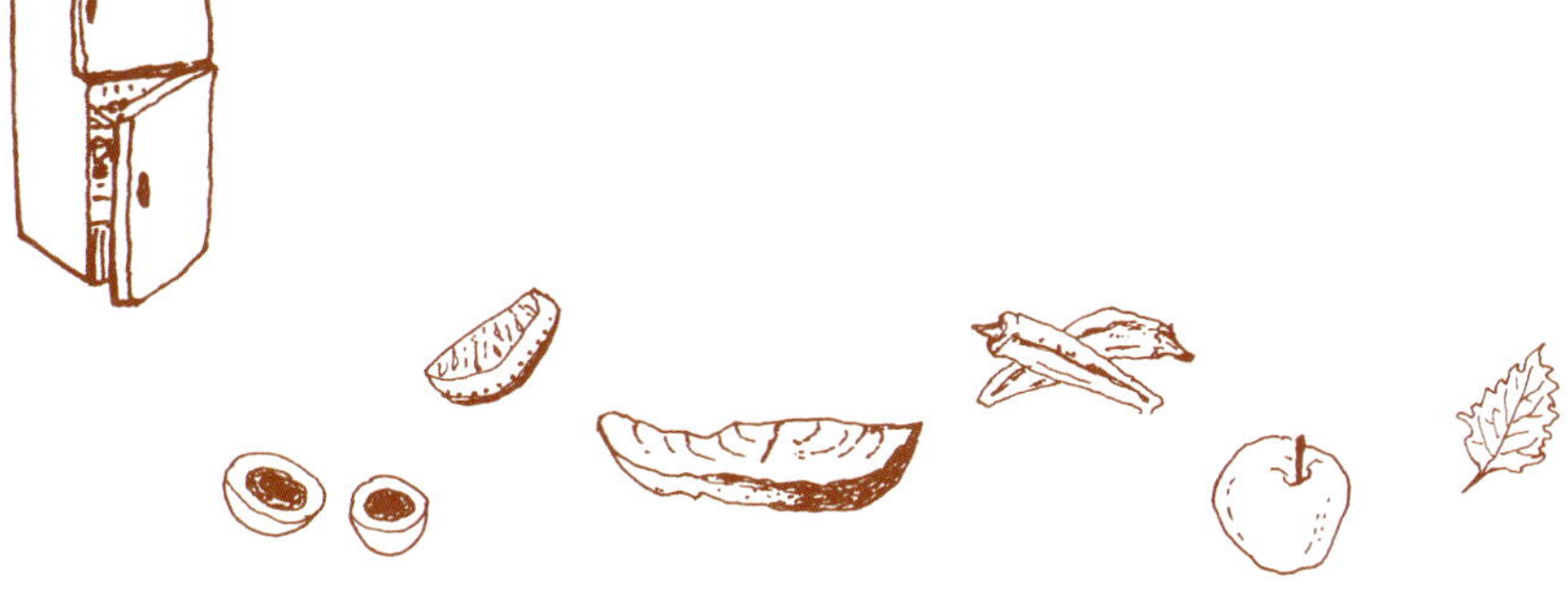

一週間のお弁当

01

手早く、見た目もかわいく、が信条。

稲垣潤子（29歳・図書館勤務）

母がずっと仕事をしていたので、中学、高校時代は父と姉と交代で自分たちのお弁当を作っていました。いまは、職場のそばに飲食店がないのでお弁当生活を復活させたのですが、いつしか、誠実に、おいしいものを作って食べたい、そんな気持ちで、毎日お弁当を作るようになりました。

　その日のおかずは、数品をいっぺんにグリルや中華せいろで調理したり、同じフライパンで炒めたり。ひとつの道具で同時に作れば時間が短縮できるし、いっきにワーッと作る方が、おいしいものができあがる気がするんですよね。

　献立は、たんぱく質のおかずと野菜の組み合わせを意識してるくらい。ここ1年くらいは、塩豚の存在が大きいかな。豚バラ肉のブロックに塩大さじ1をよくすり込み、キッチンペーパーで包んでからラップして、冷蔵庫で3〜10日ねかせて熟成させたお肉。最近は、これを中心に献立を決めることが多いですね。

　週に1回は軽くパンにすることもある。うどん玉はよく買いおきしてるから、ごはんに飽きると焼きうどんにして持っていきます。このところ天かすが個人的にブームで、ごはんやうどんに混ぜて食べています。ジャンクかしら、とも思うけど、パリパリとおいしいから仕方がないかな。

　お弁当箱はガラスのものをひとつ。ずっと同じです。食器に近い方が食べものをおいしく感じるんです。古いテキスタイルが好きなので、包む布は気分で取り替えて楽しんでいます。

いながき・じゅんこ／「大宅壮一文庫」勤務。お弁当作りは高校生の頃から。図画工作、絵本など子供にまつわることに関心があり、教会の日曜学校の教室で先生もしている。

昔から、お料理欲を刺激されるのは、写真よりも文章だけで書かれたレシピ。『エプロンメモ』（暮しの手帖社）が愛読書。

お弁当を包む布は、『Vela』というアメリカのテキスタルブランドの'70年代のデッドストック。結ばずに、包むだけでイニシャルのブローチでとめる。

月曜日
monday

鶏のハーブグリル
小松菜のグリル
五目豆
鮭フレーク
玄米ごはん

魚焼きグリルで肉と野菜を一緒に焼く。鶏もも肉は、塩とこしょう、ハーブ、オリーブオイルをすり込んで、冷蔵庫でひと晩なじませてから焼いています。葉ものは、みずみずしさを残すために包丁を使わずにちぎって入れます。

常備菜

五目豆は栄養の素。だから時間のある時に、まめに作りおきする。

鮭缶を、ごま油、みりん、醤油で炒りつけて白ごまを混ぜた自家製鮭フレーク。

グリルだと脂が落ちてお肉がパリッと焼ける。

火曜日
tuesday

鶏ひき肉と枝豆の袋蒸し

小松菜のおひたし

五目豆

天かすと青じその
混ぜごはん

中華せいろで「蒸し」の日。袋ものは定番です。中身はひき肉のほかに、きのこ、卵、おこわなどにすることも。ごはんは玄米で、天かす、ちぎった青じそ、醤油をちょろりとたらして混ぜたもの。これがやめられない味！

わたしの工夫

油揚げは蒸すとぷりぷりになっておいしい。小松菜は2〜3分蒸し、塩とごま油であえる。

鶏ひき肉と枝豆の袋蒸し

材料（2人分）

油揚げ……2枚
鶏ひき肉……100g
冷凍枝豆……適宜
長ねぎ……⅓本
しいたけ……1枚
A 砂糖、塩、酒、醤油……各小さじ1
A 七味唐辛子……少々

作り方

1　油揚げは半分に切り、その上に箸をねかせ、軽く転がして開きやすくする。その後、熱湯を回しかけて油抜きする。
2　長ねぎ、しいたけは粗みじんに切る。
3　鶏ひき肉にAの調味料を入れてよくこねてから、2と枝豆を加えて混ぜる。
4　袋状にした油揚げに3を詰めて楊枝でとめ、せいろで20分ほど蒸す。

水曜日
wednesday

ピタパンサンド

- プラムジャムとクリームチーズ
- コロッケとクレソンバター

ピタパンは『スーパー紀ノ国屋』のふんわりタイプがお気に入り。クレソンのバター炒めの上に、買ってきたコロッケをのせて、ソースをかけてサンド。野菜不足なので、作りおきしているキャベツのアンチョビ蒸しも持参します。

常備菜

キャベツのアンチョビ蒸し。にんにく、アンチョビを弱火で炒めて、キャベツのざく切りを入れ、ふたをして5分強で完成。パスタにも。

木曜日
thursday

塩豚焼き

アスパラガス、エリンギ、小松菜の炒めもの

塩昆布

玄米ごはん

ソテーの日。油を引かずに塩豚を焼き、出てきた脂にクミンとコリアンダーを加えて野菜を炒め、最後にふたをして蒸し焼きにする。塩豚のうまみが野菜に移って、おいしいですよ。フライパンひとつで調理完了。

おかずの素

塩豚はおりこうさん。ソテー、ゆで豚、麺類の具、スープ、カレーに活用。冷凍保存も可。

古本屋で買った料理絵本。盛りつけの参考書。

金曜日
friday

焼きうどん

トマトジュース

麺類が食べたい日は、焼きうどん。時間が経っても、のびないのがいい。具は塩豚、人参、しいたけ、長ねぎ、生姜。ごま油で勢いよく炒めて、最後に天かすをふりかける。副菜の代わりにトマトジュースを持っていくのが定番。

『まるか食品』の「イカ粒入り天かす」がベスト。食感がたまらない。(問0848·48·5585)

麺の日はスプーンとフォークをカトラリーケースに入れて。

02

お手本は母が作ってくれたお弁当。

奥村育子（26歳・鍼灸、指圧師）

働いている治療院のお昼だけじゃなく、夜通っている鍼灸の専門学校へも手作り弁当を持っていってます。もう、お弁当生活にどっぷりつかってる感じです。

もともと、外食はめったにしないんです。友達と会う時も、誰かの家でごはんを作って食べることが多くて。雛祭りには、お雛様のおむすびを作りました。ごまで顔を描いて、薄焼き卵を着物に見立てたんだけど、そういう遊びのある食事作りが好き。お金をかけずに、おいしく楽しく食べる、がモットーかな。

私のお弁当は、子供の頃、母がお弁当に入れてくれた懐かしの味が基本。たとえば、たらことごまのバター炒めをのっけたごはんやスライスチーズをトッピングした「のり弁」はミョーにおいしくて、昔からずっと大好物。お醤油入りの香ばしくて甘い卵焼きも母から受け継いだ味で、お弁当に入ってないと口寂しい一品。

夜は、学校の短い休み時間にパクつけるよう、おむすびにしていて、ひとつで食べごたえのある「ばくだんおむすび」がお気に入り。これは、コロッケと、ソース代わりに佃煮と紅生姜を詰めてまん丸に握ったジャンボくん。具はほかに、肉団子と野菜炒めを組み合わせてもイケる。

最近憧れの曲げわっぱのお弁当箱を買ったんですが、これが大正解。前に使っていたプラスチック製のものより、もっとお弁当がおいしく感じられるし、豊かな気分にもなる。お弁当箱を洗うのさえ楽しくなっちゃって、「うひひ」なのです。

おくむら・いくこ／お弁当箱を包む布は竹久夢二の椿柄のハンカチ。"バナナブレッドプディング"や"はちみつきな粉飴"など、おやつも手作りする。野菜は農家の直売所で調達。

晩ごはん

ばくだんおむすび
- コロッケ
- 昆布の佃煮
- 紅生姜
- 黒ごま

れんこんおむすび

れんこんと
グリーンピースの炒めもの

ピーマン炒め

卵焼き

豚肉の生姜焼き

人参のグラッセ

昆布の佃煮

紅生姜

たらこバターごはん

03

おかずとだしの作りおきが習慣。

椿野恵里子（31歳・雑貨店勤務）

もう10年くらい自分で作ったお弁当を持っていってます。野菜をたくさん食べたいから、というのが理由です。実家の両親が趣味で野菜を作っていて、定期的に送ってくれるんです。たくさん届くので、新鮮なうちにゆでておいて、あえもの、炒めものなどに活用します。あとで使いやすいよう、大きく切ってかためにゆでるようにする。季節のものをおいしくいただこうと、努めています。

ひとり分作るのは、手間と時間がもったいないので、まとめ作りをまめにしています。帰宅時間が遅いので、先手を打って、前日に食事を準備しておくようにもしているんです。お弁当のおかずも前日に作ったものです。煮ものは、食後に作る。とろ火にかけている間に、テレビを見たり、お風呂に入ったり、別のことをしているんです。火を止めて、翌朝までおけば、味もなじんでちょうどいい。

大好きな煮びたしは、よく汁気を切って持っていく。小松菜のは、ごま油で茎、葉っぱの順に炒めて、だし、塩、酒、みりん、薄口醤油でさっと煮て、冷ましておいたもの。いろんな料理に使う一番だしは、まとめて多めにとってジャグに入れ、冷蔵庫で保存しています。だいたい1週間弱で使いきる。本で知って、やってみたらものすごく便利！　これがあるおかげで、疲れていても、料理がていねいに作れるようになりました。

ごはんには梅干しとお漬物をつけます。今日の漬物は、父の特製きゅうりのキューちゃん風です。

つばきの・えりこ／『マディ』京都店の店長。以前は生花店に勤務。自分で写真を撮り、文章を綴ったカレンダーを毎年制作し、販売もしている。テーマは季節の植物と器。

わたしの工夫

野菜はいっぺんにゆでて、少しずつ食べる。

みそに青梅と砂糖を漬け込んだ梅みそ。

だしは、煮もの、おひたし、麺つゆなどに。

煮ものはどっさりまとめて作ると味もいい。

ゆで鶏の梅みそあえ

ブロッコリーと厚揚げの炒めもの

モロッコいんげんのゆでたの

小松菜の煮びたし

きゅうりの漬物

梅干し

雑穀ごはん

04

料理の知恵はおばあちゃんから。

神林陽子（26歳・ホームヘルパー）

お年寄りのお宅を訪問して、入浴の介助、ごはん作りや掃除など家事のお手伝いをする仕事をしています。

お弁当も、うちで作るごはんも、野菜や乾物を使った昔ながらのお惣菜ばかりです。介護先のおばあちゃんたちに教えてもらったり、『昔の食事』という昭和の懐かしい献立の本を見て勉強したりして、おいしく作れるようになりました。

たとえばすりごまは、ごまからちゃんと煎ってすり鉢でするると、香ばしくて、格段においしくなる。煮豆で大事なのは火加減で、ゆでこぼしたあと、差し水をしながら、鍋の縁だけにプツプツした泡がつくくらいのごくごく弱火で煮る。そうすれば破けずに、ふっくら、やわらかに煮あがる。これぜんぶ、おばあちゃん

かんばやし・ようこ／新潟県出身で現在はひとり暮らし。趣味はミシンかけ。お弁当用の水玉のランチクロスも手作りで、折りたたんで、リボンで結べるように作ってある。

きのこごはんのおむすび

常連の一品

金時煮豆

材料
金時豆（乾燥）……1袋（約350g）
砂糖……お玉３杯
醤油……小さじ２
塩……少々

作り方
1　金時豆はよく洗って、豆の３倍量の水を加えてひと晩つけておく。
2　1をつけ汁ごと火にかけ、煮立つまでは強火、煮立ったら弱火にしてアクを取り、５分ほどゆでていったんゆでこぼす。
3　もう一度かぶるくらいの水を入れ、沸騰したらとろ火にして、時々差し水をしながら２時間ほど煮る。
4　砂糖を３回に分けて加え、そのつどよく煮溶かし、その後、約30分とろ火のまま煮る。最後に醤油と塩を加えて味をととのえ、火からおろしてしばらくおく。

昭和初期の料理レシピと昔から伝わる食の知恵がいっぱい。献立は体によさそうなものばかりです。（幻冬舎）

たちから教えてもらった料理の知恵なんです。

お弁当のおかずは、作りおきや前の晩の残りもので、朝作るのは卵焼きだけ。ごはんも寝る前にといでセットしておくので、朝は炊飯器のスイッチを入れるだけです。日もちのする煮豆や煮ものは、休みの日にたくさん炊いて、何日かに分けて食べています。

お年寄りの方々と接することで、食べることのほかにも学ぶことはいっぱいあります。たとえばあるおばあちゃんは、今日は着物の虫干し、今日は茶碗の「お磨き」と毎日少しずつ自分の仕事を見つけて、できるかぎり家の中のことに取りくんでいる。そういうていねいな暮らしにふれることができて私は幸運だなあ、とつくづく思うんです。

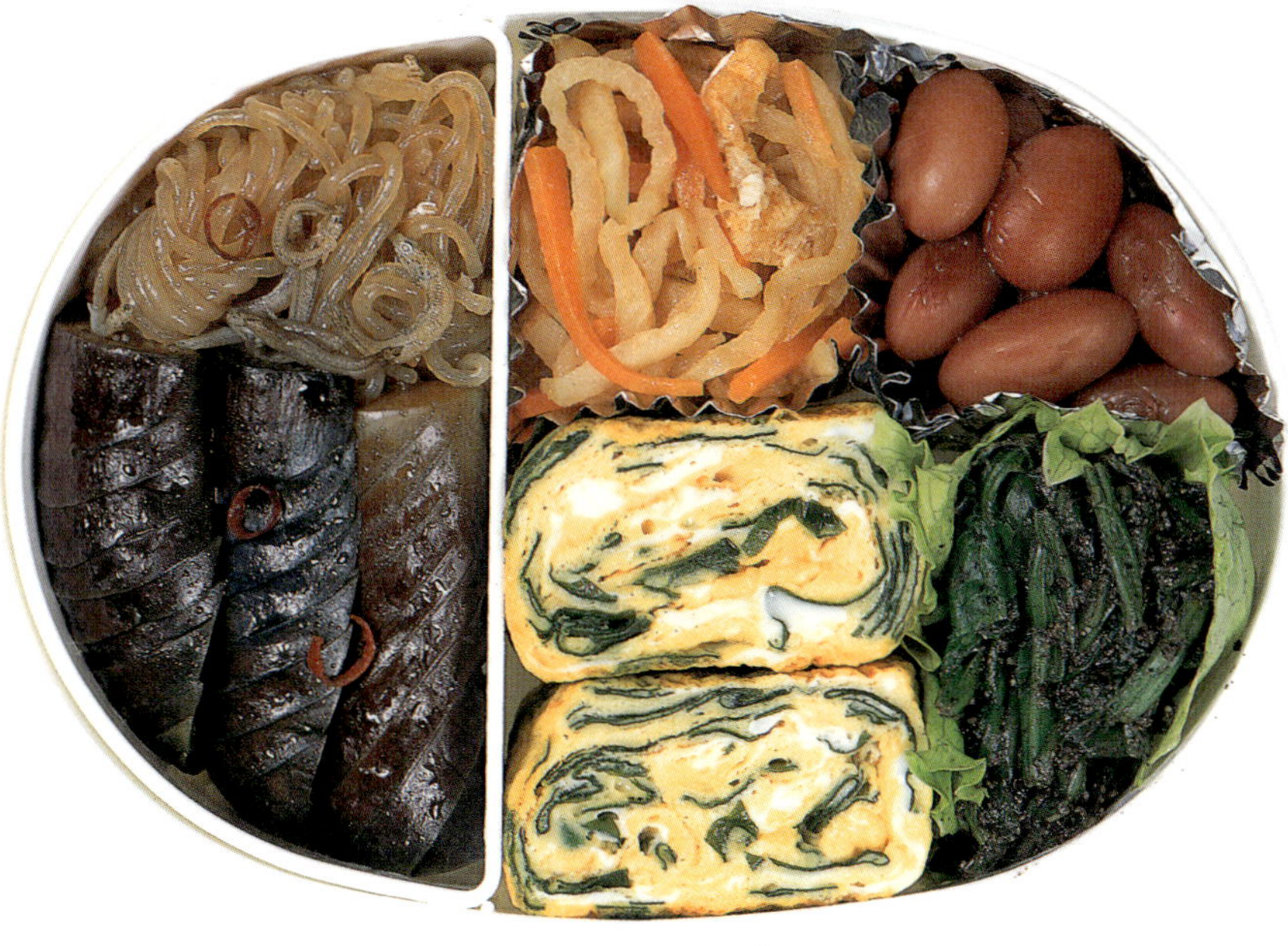

なすと糸こんにゃくのピリ辛煮
切り干し大根煮
金時煮豆
わかめ入りだし巻き卵
ほうれんそうのごまあえ

05

自家製のタレが自慢の肉料理。

伊奈佳彦（22歳・大学生）

下宿して自炊をはじめてから、料理する楽しさにはまってしまいました。弁当は、毎朝好きな音楽をかけながら作ってるんですけど、めっちゃ楽しいです。

食材もいろんなのを試してみる。失敗したら、うまくできるまで、何回でも作るんです。料理は根気がないと上達しないものです。

弁当でこだわってるのは色合い。色がきれいな方がおいしく見えるし。肉と野菜がバランスよく入ってた母親の弁当が手本です。

今日のごはんもよく作ってもらった。炊きたてのごはんに油を切ったツナ缶と塩昆布を入れ、ざっくり混ぜて、蒸らす。なんでもお寺の精進料理の母親流アレンジだとか。豚肉と長ねぎの炒めものは、はちみつとにんにく醤油でからめています。僕は照りとコクをだすのに、みりんじゃなくて、はちみつを使うんです。にんにく醤油は、自分のオリジナルのタレが欲しくて、試作を重ねて作りました。肉料理にすごく合うんです。内容は、同量ずつの薄口醤油と濃口醤油に、酒とごま油が少々、そこににんにくをたっぷり。材料をつぎ足して守っている味です。ボリューム感をだすために、サラダにはパスタを入れることが多い。今日はかぼちゃと人参とチーズ入り。食材はどうしても何日かかぶるんで、調理法を変えるようにしています。

弁当は外で食べるのが好きで、よく鴨川に行って食べる。やっぱり手作りはうまいです。将来、自分の子供の運動会に弁当を作って持っていくのが夢なんです。

いな・よしひこ／京都在住。地域のカルチャーセンターで習っているブラジルの格闘技舞踊カポエイラに「のめりこんで」いる。仲間うちでも料理担当。

わたしの工夫

食欲をそそる味になる自家製にんにく醤油。

愛用のメキシコのホーロー鍋。色が好き。

金物屋で買った子供用の水筒には黒豆茶。

豚肉とねぎの甘辛炒め
バターポテト

パスタサラダ
プチトマト
サラダ菜

うち流
精進ごはん

06

週末は公園で自家製パンを。

久保田加奈子（26歳・会社員）

　週末、お弁当を持って公園へ行くのが楽しみです。近所の大井埠頭、足を延ばして新宿御苑、日比谷公園あたりまで行きます。

　ひとりの時は読書、彼も一緒ならフリスビーをして、2～3時間過ごすだけで元気が出てくる。緑の匂いがいっぱいの場所で食べるお昼ごはんは格別で、冬でもベンチで背中を丸めつつ、温かいコーヒーを飲みながら、お弁当タイムを楽しんでます。

　平日の朝は慌ただしいので、母が作った晩の残りものを詰めて持っていきます。だから休日のお弁当はこの時とばかりに、前の晩に夜更かしして、大好きな粉料理を作っています。とはいっても、本格的なパンではなくて、ベーグルや蒸しパン、中華の花巻といった比較的簡単に作れるものばかり。粉料理は、生地をこねている時の、あの吸いつくような手触りがたまらなくって。粉をこねて、形にしていく作業が好きなんです。これ好きが高じて、陶芸もはじめたくらい(笑)。

　週末のお弁当には、水切りしたヨーグルトも欠かせません。ヨーグルトは水分がなくなると、クリームチーズのような濃厚な味になって、パンに塗ったり、ゆで卵にのせて食べてもおいしいんです。

　近頃、グラタンにもはまっています。今日のかぼちゃのグラタンもそうですが、私はホワイトソースに豆乳を使います。さっぱりとした味で、牛乳とくらべてカロリーも低くなるのでおすすめです。ぜひ、一度試してみてください。

くぼた・かなこ／焼き菓子の道具を収集している。幼い頃に買ってもらったプラスチックの子供用の粉ふるいは、いまだに手放せない愛用品。好きな町は、東京の合羽橋《かっぱばし》道具街。

＼常連の一品／

黒豆入り黒糖ベーグル

材料（６個分）
強力粉……250g
黒糖……20g
ドライイースト……小さじ１
塩……小さじ１
サラダ油……小さじ２
ぬるま湯……160mℓ
黒豆の甘煮……約60粒

作り方
１　ボウルにぬるま湯を入れ、黒糖、ドライイーストを順番に加えて、よく溶かす。
２　別のボウルに強力粉、塩を入れて１とサラダ油を注ぎ､混ぜ合わせる。
３　粉気がなくなったら生地をパン台に移し、生地の片端をつまんで伸ばしたら、台にたたきつけて二つに折る。これを200回ほど繰り返す。
４　生地の中心に向かって包み込むように丸めて閉じる。閉じ目を下にしてサラダ油（分量外）を塗ったボウルに入れてラップをかけ、温かいところに40分ほどおいて発酵させる。
５　生地が約２倍の大きさにふくらんだら、全体をゲンコツでたたいてガス抜きをする。
６　生地をパン台に移して包丁で６等分に切る。
７　それぞれに黒豆を10粒ほど入れながら包み丸め、閉じ目を下にしてキャンバスに並べる。全体にラップをかけ、温かいところに10分おいてねかせる。
８　丸い生地の中心に指を入れて穴を開け、ドーナッツ型に伸ばし、キャンバスに戻して全体にラップをかけ、温かいところに20分おいて二次発酵させる。
９　生地が２倍にふくれたら、鍋にたっぷりの湯を軽く沸騰させ、生地を入れて片面30秒ずつゆでてから、取り出して水気を切る。
10　天板にオーブンシートをしき、200℃で15分焼く。

ホットコーヒー

黒豆入り黒糖ベーグル

かぼちゃのグラタン

キャベツとセロリの
レモンマリネ

ゆで卵

ヨーグルト

りんごジャム

キウイ

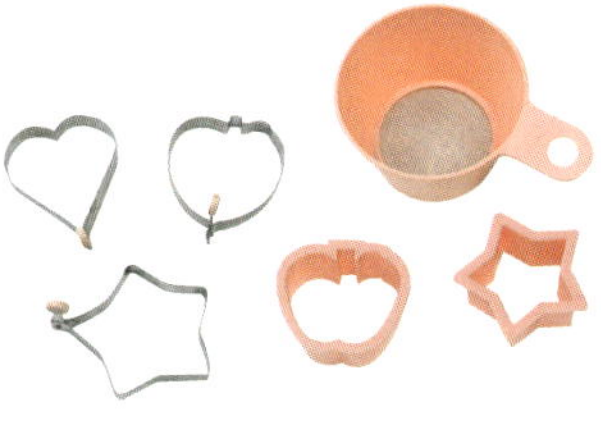

粉料理に愛用している
子供用の粉ふるいとク
ッキーの抜き型。ふる
いはハンドルつきで下
すぼまり。粉が飛び散
りにくく、使いやすい。

07

高校時代から、ずっとお弁当派。

久村香織（31歳・イラストレーター、ギャラリー勤務）

　高校生の時から現在まで、ずっとお弁当を持参しています。ごくふつうの、家庭的な食事がいちばんおいしいと思っているからです。煮もの、豆、おひたし、焼き魚、卵焼き……こういうメニューが、ほっとする。

　山くらげは、山菜の茎を乾燥させたもので、コリコリとした歯ごたえ。味も染みやすいから、炒め煮にするのが好きです。干ししいたけ、人参、油揚げと一緒に油で炒め、酒、みりん、市販の麺つゆで薄めに味をつけて、火を止める直前に自家製の青唐辛子入り醤油をほんの少量回しかけています。この醤油、ほどよい辛さと風味があって、味もまろやか。料理の味を引き締めるので、いろんな料理に使っています。

　黒豆は体にいいから、ほぼ毎日食べています。冷凍庫のストックが残り少なくなったら作り足して、いつも切らさないようにしているんです。

　漬け焼きは、前の晩から酒と青唐辛子入りの醤油に漬けておいた鮪に、小麦粉と片栗粉を軽くまぶして焼いています。焦げ目がついたら、フライパンの油をふき取り、その後少量の醤油をからめると、魚の臭みがなくなるんです。香ばしくて、食がすすむ一品。

　拭漆《ふきうるし》しあげのお弁当箱は、職人さんに塗り直してもらって、9年間大切に使ってきました。中身にさほどの変わりはなくても、ふたを開ける瞬間、いつもワクワク楽しい気持ちになる。愛着のあるいれものも、おいしさの小道具になっている気がします。

くむら・かおり／個展、書籍装画を中心に活動。ポストカードブック『姉妹洋装店』（共著）も発表。海外へ旅に出る時も、機内用におむすび弁当を持参する。

わたしの工夫

自家製の青唐辛子入り醤油は、醤油1リットルに約20本の青唐辛子を半分に切ったものと約5センチの昆布を漬け込み、3か月ほどねかせればおいしく完成。醤油をつぎ足して、1年は保存できる。

鮪の漬け焼き

黒豆煮

山くらげの炒め煮

卵焼き

ほうれん草のごまあえ

梅干し

ごまふりごはん

08

睡眠時間優先だから頑張らない。

宮地美華子（35歳・古本屋店主）

主人や仲間と東京・千駄木で『古書ほうろう』を営んでいます。古本屋は意外に力仕事なんです。持ち込まれた本を掃除して、値段をつけて、棚に並べる。この繰り返しで息つく暇もないほど忙しい。だから、お腹もペコペコになる。私が使っているお弁当箱は『ミスタードーナツ』の景品。主人が結婚前から持っていたものなので、ちょっとくたびれているけれど、いっぱい入るところが具合よくて捨てられない(笑)。ちなみに彼は男の子バージョンを使っています。

睡眠時間を優先させると、お弁当のおかずは時間のかかるものは作れません。だいたい塩鮭と卵焼きと緑のおひたし。あとは、豚の生姜焼きをごはんの上にボーンとのせるだけとか(笑)。

我が家のめし炊き係は主人で、白米にはと麦と麦を少しだけ混ぜて炊いています。そのごはんだけを詰めて持っていく日もあるんですが、それは、店に近い谷中がお惣菜屋天国で、いいお店がいっぱいあるから。旬のものを使ったおいしいおかずが安く買えるので、利用しない手はないと思って。

千駄木、谷中、根津あたりの下町は、あいさつが当たり前の温かい町。よそものの私たちを温かく迎え入れてくれて、いつも感謝しています。

趣味は旅なんですが、今は貧乏暇なし。休日のお出かけはせいぜい、水筒を持って植物園に行ったり、大好きな沖縄民謡のライブへ行ったりする程度。でも、いまの暮らしはかなり気に入っているんです。

みやじ・みかこ／店では工芸、建築、食などの書物を担当。HPで日々録を執筆中。好きなものは沖縄と散歩と日曜大工。店へは毎日自転車で通勤する。

＼これも常連／

豚の生姜焼き

材料（2人分）

豚こま切れ肉……100g
玉ねぎ……1/4個
ピーマン……1個
生姜……1かけ
醤油、みりん、酒……各大さじ1/2
ごま油……適宜

作り方

1　玉ねぎは薄切り。ピーマンは縦半分に切り、へたと種を取って細切りにする。生姜はおろす。

2　豚肉と玉ねぎをボウルに入れ、醤油、みりん、酒、生姜を順に加えてよく混ぜ、5～7分おいて味をからめる。

3　フライパンにごま油を熱し、2をタレごと炒める。

4　肉の表面に火が通ったら、ピーマンを加えて、炒め合わせる。

塩鮭

かにと三つ葉の卵焼き

小松菜としいたけと
油揚げのあえもの

はと麦入りごはん

09

お弁当を温める、うれしい匂い。

冷水希三子（31歳・ケータリング）

ケータリング業の傍ら、器の店のスタッフとしても働いています。店には同じ献立のお弁当をふたつ持っていきます。ひとつでもふたつでも、作る手間は同じだから、一緒に働くオーナーの分も作っているんです。

いれものはステンレス製の三段式。いちばん下が私で、真ん中がオーナー。いちばん上にサラダを詰めたりもする。いつも店のコンロで温め直して食べてるんです。火にかけてるといい匂いがして、うれしくなる。

献立は、混ざった時においしい組み合わせを考えて作ります。ケータリングで準備した料理を取り分けておいて、そのおかずと混ざってもいいものを作ることが多いですね。

今日のような「ごった煮」の時は、おかずは1品。鍋に豚の角煮とキャベツ、ごぼう、人参、山椒の塩漬けを入れて、だしと薄口醤油で30分ほど炊いています。角煮のうまみが煮汁にしみだして、コクのあるおいしい煮ものにしあがるんですよ。お弁当箱に詰める時は、煮汁を上から少しかけておくと、底の方で煮汁がごはんに染みて、火にかけた時におこげができておいしいんです。角煮は、こういう煮ものや焼きそば、ビーフン、炊き込みごはんの具にもなって、おかずの素としてすごく重宝。ゆで汁ごと冷蔵庫に入れて、2日に一度火を通せば1週間はおいしく食べられます。

大根ごはんは、五分づき米に、大根の角切り、だし、酒、塩、醤油を入れて土鍋で炊きました。色をつけたくないので醤油は薄口です。

ひやみず・きみこ／大阪在住。ケータリングは、主に広告などの撮影現場に赴いて、スタッフの食事作りに腕をふるう。献立は、野菜を豊富に使うことと、バランスのよさを心がけている。

おすすめの一品

豚の角煮

材料

豚バラ肉（塊）……1kg
くず野菜
（人参、長ねぎの青い部分、玉ねぎなど）……適宜
昆布（約15cm）……2枚
干ししいたけ……4〜6枚
酒……大さじ2
きび砂糖……大さじ2
みりん……大さじ1½
醤油（薄口、濃口）
……各大さじ1½

作り方

1　鍋に豚肉とひたひたの水、昆布1枚とくず野菜を入れて火にかけ、煮立ったら弱火にしてアクをすくい取り、1時間ほど静かにゆでる。
2　火からおろし、冷めたら、くず野菜と昆布を取り除き、鍋ごと冷蔵庫でひと晩ねかせる。
3　冷蔵庫から取り出して、表面に浮いて固まった脂肪を取り除き、豚肉を4cm角に切る。
4　豚肉を鍋に戻し、もう1枚の昆布、戻した干ししいたけ、酒、砂糖、みりんを加えて火にかける。ひと煮立ちして甘みがまわったら、醤油を加え、落としぶたをして2時間ほど弱火で煮込む。

豚の角煮と野菜の炊いたの

山椒の葉

大根ごはん

常備菜

自家製の豆鼓醤。豆鼓、ねぎ、生姜、にんにく、砂糖、米油で作る。

山椒の実の塩漬け。実と粗塩を交互に重ねて保存。煮ものに使う。

ふたをして直火にかけて、数分蒸す。おこげのうれしいおまけつき。

10

自然の力を詰めた玄米野菜弁当。

橋本庸子（スタイリスト）

　夫が体調を崩したのをきっかけに、食べものから見直そうとお弁当を作るようになりました。自分の分は夫の分のついで。精進料理というか、マクロビオティックに行き着いたのは、お肉はもともと自分には必要ないものだし、結局はそれが自分の食べたいものだったから。実は、近所の駅前にスクーターで精進弁当を売りにくるお坊さんがいて、彼のお弁当を参考に作っているんです。有機野菜を使った10品以上のおかず。竹皮製のそのお弁当の空き箱に玄米ごはんと野菜、豆、海藻類のおかずを詰めます。

　野菜はすべて循環農法の有機のものを取りよせています。素材の味が濃いから、シンプルな調理でも十分おいしい。今日のセロリも、こんなに濃い緑ってすごいですよね。だから、蒸すだけだったり、きんぴら、ごまあえとか、手をかけ過ぎないようにして、いただいています。使う調味料は、塩、醤油、ごま油。砂糖はいっさい使わない。梅干しと梅酢を酸味と塩気に使います。生姜はスパイスとして取り入れています。

　今日はひよこ豆入りの玄米ごはんにしました。豆入りごはんはそれだけで満腹感があるので、本来はピザ好きの(笑)夫のためにもよく作ります。上にふりかけているごま塩は、天然自然塩で手作りします。塩はしっかり、ごまはさっと煎ってから、すり鉢で軽くすっています。塩とごまの割合は2対8。力を入れ過ぎると、練り状になって、脂が出てきてしまうから、力を抜いてすりこぎをあてます。

はしもと・やすこ／雑誌や広告で活躍するほか、2004年公開の映画『犬猫』（監督、脚本／井口奈己）のスタイリングも手がけた。お弁当の箸は故郷鳥取の竹製のもの。

＼ ポイント ／

薄紙を上と下に敷いて。汁もれの予防にもなる。

お坊さん製精進弁当の竹皮の空き箱を再利用。

じゃがいもの煮っころがし

切り干し大根とひじきの梅肉あえ

いんげんのごまあえ

セロリの塩炒め

人参のきんぴら

梅干し　ごま塩

ひよこ豆入り玄米ごはん

11

献立を考えるのが至福の時間。

平西美歩（28歳・キャラクターグッズデザイナー）

お弁当作りは趣味とか娯楽に近い感じ(笑)。平日の夕食は残業が多くて外食ばかりなので、せめてお弁当で好きなものを作っているというか。手書きのレシピ手帖を見ながら1週間の献立を書き出したり、しょっちゅうお弁当のことを考えています。

ショッピングもお弁当の道具や容器が中心。たとえば、櫃《ひつ》まぶしのだし入れにちょうどいい容器が欲しくて、1日中探し歩いてふたつきマグカップを買ったり。いま使っているスタッキング容器はおかずごとに詰められるので、汁っぽいものも心おきなく持っていけて、とってもよいです。

お弁当のためにはじめたフリージングにもハマっています。野菜は、食べやすい大きさに切って蒸してから、間をあけてバットに並べていったん冷凍。その後、パラパラに凍ったものをフリーザーバッグに移して、保存しています。手間はかかるけれど、このやり方だと水っぽくならないし、朝、包丁もまな板も使わないでいいからラクチン。蒸し野菜の場合は、お弁当用に買った竹のせいろで2〜3分蒸せばOK。煮ものや炒めものには凍ったまま使います。秘密兵器は市販の麺つゆと炒めものの素。これさえあれば煮ものだって15分で作れますよ。炒めものの素は、とくに『無印良品』のものがお気に入りです。

最近、ネットオークションで念願の卓上電気フライヤーを購入。朝はやる気が起きなかった揚げものも手軽にでき、お弁当ライフがますます充実しそうです！

ひらにし・みほ／『ミシュラン』のキャラ、ビバンダムのグッズデザイナー。愛読書は沢村貞子さんの『わたしの献立日記』。お弁当以外の趣味は東欧のアートアニメ。

道具も容器も、ちまちま小さいのが好き。

鶏肉とピーマンの
カレー炒め

枝豆とがんもどきの
ふくめ煮

ゆで卵
蒸しブロッコリー
プチトマト

黒ごまごはん

わたしの冷凍術

１年前にフードセーバーを買ったことで私の冷凍術も進化しました。これで完全密封にすると、普通の冷凍よりも鮮度が長もちするんです。だから、すぐに使うものはタッパー、それ以外は密封パックというように使い分けています。よく使う鶏肉は、料理別に大、中、小と切り分けて冷凍。とりわけ好物のから揚げ用は、鶏肉に下味をつけてから１食分ずつパック。そうすると味がなじんでさらにおいしくできるんですよ。右は、私の大切な参考書。（婦人之友社）

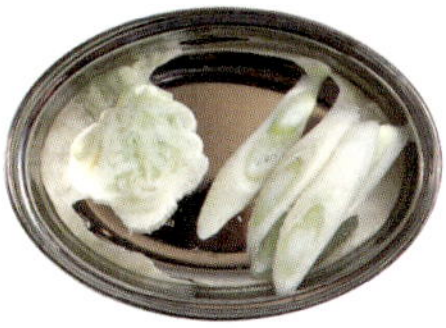

長ねぎは小口切りや斜め切りなど。いろいろな切り方のものを冷凍。

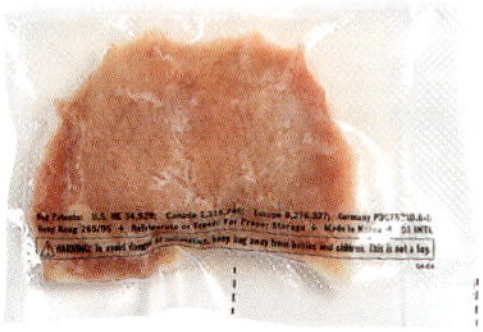

鶏もも肉は、用途に合わせて切り分けてから密封。これはソテー用。

一度にたくさんできてしまう卵の花の炒り煮も、小分けして冷凍。

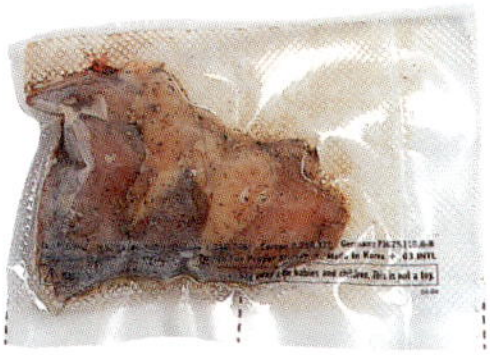

チリペッパーと塩、こしょうの下味つき。から揚げ用の別バージョン。

煮豆はまとめて作って１食分ずつ冷凍。煮汁をひたす程度に注いで。

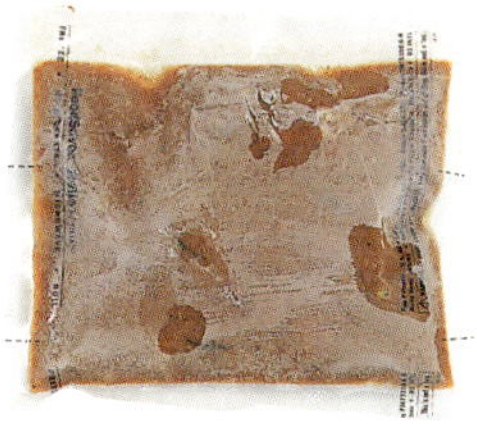

カレーは冷凍のままお弁当にし、ボイルかレンジにかけて食べる。

麻婆豆腐セット。大好きな麻婆豆腐が食べたい時にすぐ作れるよう、豚ひき肉とゆでたチンゲン菜の小分けを常備。

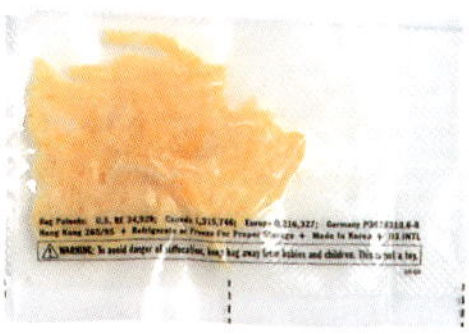

錦糸卵はちらしずしや混ぜごはんのお弁当に。卵焼きのついでに作る。

油揚げは油抜きし、短冊切りにして。煮ものに、みそ汁に。

平西さんのから揚げの作り方

[材料]

鶏もも肉（大）……1枚

A［にんにく、生姜のすりおろし……各1かけ分

　 酒、醤油……各大さじ3

片栗粉、上新粉……各大さじ3

揚げ油……適宜

1

鶏肉はひと口大に切り、Aの材料を加えて手でよくもみ込み、冷蔵庫で約10分ねかせて味をつける。

2

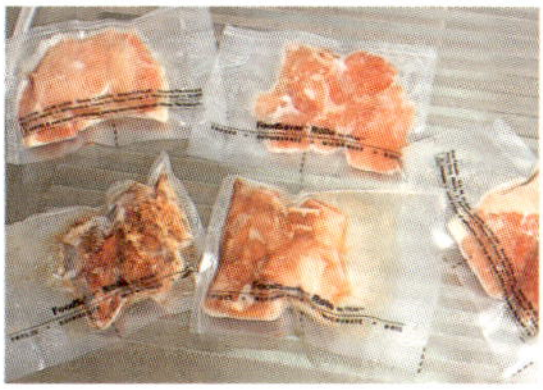

そのまま揚げてもいいが、フードセーバーで密封し冷凍しておくとさらにしっかりと味がつく。

3

片栗粉と上新粉をタッパーの中で混ぜる。余った粉はそのまま保存して再使用する。

4

粉っぽい方が好みなので、粉はやや厚めに、まんべんなくつける。上新粉を入れると衣がサクサクに。

5

油の温度は170℃の中温がベスト。目安は、油に落とした衣が中ほどまで沈んでから浮き上がる程度。

6

熱した油に鶏肉を入れ、時々返しながら3～4分ほど揚げて、いったん取り出す。

7

二度揚げの行程。油をやや高温に熱し、再び鶏肉を入れて、衣がからりとなるまで2分ほど揚げる。

＼完成／

12

お兄さんの分も毎朝一緒に。

小澤かおり（24歳・洋服メーカー勤務）

はじめて作ったのは、中学校に通う兄のお弁当。母親を早く亡くしたので、私が小学生の時から家族のふだんの食事やお弁当を代わりに作ってきました。いまも私と兄、２人分のお弁当をこしらえる毎日です。

料理は、体が覚えちゃえば、手間のかかるものでも、あまり苦にならないですね。作り続けるほどに勘が冴えて、腕が上がり、ますます好きになるんです。

おかずは、前日の晩の残りを利用します。余った料理はアレンジを加えて変身させる。肉じゃがを卵とじにしたり、鶏のから揚げを南蛮サラダ丼にしたり。節約にもなるし、知恵を絞るのも楽しいですから。

兄は大のごはん党なので、たっぷりのごはんに、魚のおかず、肉のおかずを両方入れたボリューム弁当にします。味と栄養のバランスを考えて、副菜は、野菜を使ったさっぱり系のものを必ず合わせます。

私は肉、魚はあまり食べないので、今日のように野菜と卵のおかずが定番です。近所に住む祖父が、家庭菜園でとれた野菜を分けてくれるから、いつも助かっているんですよ。

混ぜごはんの具は、しらす入りの炒り卵と小松菜の一夜漬け。ポイントは溶き卵にみそを入れることかな。ごはんにぴったりの味になるんです。私のお弁当に入っているお焼きは、おやつ代わり。ゆでたじゃがいもを熱いうちにすりつぶして溶けるチーズを加え、丸くまとめて10分ほどトーストしました。表面はパリパリ、中はモチッとした食感です。

おざわ・かおり／ブランド『GASA*』ではアシスタント業のかたわら、ケータリング隊としても活動。展示会用に100人分の料理と和菓子を作ったスゴ腕の持ち主。

兄さんのお弁当

- 豚肉となすの生姜焼き
- 鯖の塩焼き
- きんぴら
- 卵焼き
- 大根の梅肉漬け
- 小松菜のおひたし
- 卵、しらす、小松菜の混ぜごはん

じゃがいものお焼き
トマトと小松菜のサラダ
卵焼き
きんぴら
卵、しらす、小松菜のおむすび
しそと黒ごまのおむすび

お焼きいろいろ

お焼きのベース

材料（4～5個分）
じゃがいも（中）……2個
溶けるチーズ……2～3枚
塩、こしょう……各少々

作り方
1　じゃがいもはスライスして水にさらし、ラップに包んで電子レンジで4～6分加熱する。じゃがいもが熱いうちに、小さくちぎったチーズ、塩、こしょうを加えてすりつぶす。
2　1を丸めて団子状にし、トースターで10分焼く。

［アレンジ1］ベーコンのみじん切りをフライパンでから炒りし、1に混ぜる。こしょうは粗びきこしょうがおすすめ。好みでケチャップをつけて食べるのがおいしい。

［アレンジ2］黒ごま小さじ2を1に混ぜる。半量は風味をだすためにすりつぶす。残りはそのまま混ぜて食感を楽しむ。

［アレンジ3］市販のうずら卵の水煮を1で包む。お焼き1個につき卵は2～3個。


さらに……団子状に丸めた生地に小麦粉をまぶし、溶き卵、パン粉をつけて揚げるとコロッケのできあがり。

13

野菜主役のサンドイッチが定番。

中川琴巴（22歳・ネイリスト）

毎日のお弁当は、野菜がメインのサンドイッチ。サンドイッチは、短時間で作れて、野菜も食べられるし、お腹にもたれない軽さがちょうどいいんですよね。

よく作るのは、野菜とベーコンとゆで卵を胚芽パンやライ麦パンではさんだミックスサンド。ベーコンはカリカリに焼き、水気の多い野菜はそのままはさむとパンがシナッとするので、必ずキッチンペーパーで水分をふき取ってから使う。こういうひと手間がおいしく作るコツだと思っています。塗りものは、室温に戻してやわらかくしたバターをパンの内側に薄くのばし、野菜の上にマヨネーズを少量。フルーツと温かいコーヒーも、サンドイッチのお昼には欠かせません。

たまに気分を変えて、和食サンドにすることもあるんです。コックをしている友達から教えてもらったレシピで、たとえば、鶏肉の照り焼きときんぴらごぼうをはさんだり、夕食で残った鮪のお刺身を醤油でヅケにして、アボカドと一緒にはさんだり。お刺身とパンの組み合わせって聞くと、ちょっとインパクトがあり過ぎるけれど、ほんとにおいしいんです。和のおかずとパンは、意外にも相性がいいみたい。

仕事柄、爪を気にして、料理しなさそうに思われがちだけど、暇さえあれば、家族や友達に何かしらこしらえてます。料理は好きだけど、腕はまだまだ半人前。当面の課題は和食の基本をきちんとマスターすることかな。魚を上手にさばけるようになるのが目標です。

なかがわ・ことは／東京・中目黒のネイルサロンに勤務。ドッグパンに、コロッケ、ポテトサラダ、ピーナッツバターなどがはさんである昔ながらの調理パンも大好き。

サンドイッチ・バターメモ

○バターは常温に少しおき、
やわらかくすると塗りやすい。

○水分のあるものをはさむ時は、
バターを多めに塗るといい。

○魚介類のフライには、
レモンを絞ったレモンバター、
肉類の具にはからしバターが相性いい。

○色よく見えるのは、
パセリのみじん切り入りパセリバター。

ミックスサンド

- カリカリベーコン
- レタス
- トマト
- きゅうり
- ゆで卵
- ライ麦パン

フルーツ

- いちご
- キウイ
- ルビーグレープフルーツ

14

お昼はおかず要らずの一品料理。

山田真悠子（28歳・洋裁学校生）

お弁当は家にあるもので簡単に作ります。だいたい、パスタかチャーハンかおむすび。おかずの要らないものが多い(笑)。パスタなら、最近は鰯とトマトのばっかり。近所のスーパーにオイルサーディンとホールトマトの水煮缶の安いのがあって、ちょくちょく買いおきしているから。作り方は、オリーブオイルで赤唐辛子と玉ねぎのみじん切りを炒めて、香りが出たら生トマトの角切りと水煮を入れる。そのあとサーディンをほぐしながら放り込んで、ドライバジル、塩、こしょう、そこにゆでておいたパスタを入れて、くるくる混ぜてできあがり。

　チャーハンは玉ねぎだけが多い。それも、家にいつもあるのが玉ねぎだから。辛いものが好きなので豆板醤が多め。だから赤いチャーハンになる。あと、じゃこがあれば入れて、青じそがあれば、ちぎって最後にパーッとちらすくらい。

　洋裁学校にはお母さんぐらいの生徒さんもいっぱい来ていて、お昼はよくキムチや高菜漬けなんかをいただいたりもします。だから、おむすびだけ持っていってもおかずはある(笑)。私も大きい容器にらっきょう漬けを入れて持っていったりします。みんな、家においしいものがある時は、お裾分けし合うんです。校舎の裏には畑もあって、そこである生徒さんが作っている野菜を、みんなでもいで食べたりもする。この間のお昼も、大きな鍋でじゃがいもをゆがいて、塩をかけて食べました。とても贅沢なことだと思います。

やまだ・まゆこ／洋裁学校に在籍。仲間と一緒に催したオリジナルTシャツ展では、Tシャツの縫製を担当した。ものづくりは昔から好きなことで、洋裁のほかに染色も勉強中。

これ便利！

友達のお母さんが漬けたらっきょう。

100円だったかな。栄養もあって優秀。

おむすびの日

ごま塩おむすび

らっきょう

鰯とトマトのパスタ

容器はいかなごの釘煮
が入っていたタッパー。

15

暑い季節には沖縄の知恵を拝借。

水上秀子（33歳・会社員）

夏のお弁当には、唐辛子などのスパイスをきかせた料理が欠かせないですね。辛いものって、汗をかきかき食べるのが格別においしい。それに、唐辛子には食べものの防腐効果もあるらしいし、汗が出て体温が下がり免疫力もアップするそうで、暑さ対策にうってつけなんです。大の辛党なので、一味唐辛子、タバスコ、ラー油などをふんだんに使って、思いきり辛くします。

最近、旅行先の沖縄で買ってきた調味料がお気に入りで、ゴーヤーの炒めものには、島唐辛子を泡盛に漬け込んだ「コーレーグースー」を使っています。強烈な辛さと、泡盛特有の風味で、びっくりするほど味が引き締まる。私はこれを料理酒の代わりに、いろんな料理に使っています。冷や奴やお刺身の醤油に数滴垂らすだけでも、ひと味違うおいしさになるんですよ。

春雨サラダは、煎って砕いたアーモンドを散らして、香ばしさと食感をプラス。ドレッシングは酢、砂糖、塩、一味唐辛子、さらに「ピーヤシ」という竹富島の島こしょうを合わせたもの。島こしょうは八角に似た独特の甘い香りがあって、中華料理と相性がいいと思う。麻婆豆腐やなすのみそ炒めに入れてもおいしいですよ。どちらの調味料も、暑い季節にしっかり食欲を刺激してくれる。さすが南国、沖縄の知恵なんでしょうね。

今日はごはんも、豆板醤、黒糖、酒、醤油で味つけした肉そぼろを混ぜてピリ辛味にしています。オクラとみょうがのあえものは、箸休めといったところです。

みずかみ・ひでこ／何を食べたのか忘れがちなので、デジカメで弁当日記をつけている。ちくちく縫いものをするのが好きなインドア派。いまは刺し子に夢中。

沖縄の味

「ピパーチ」「フィファチ」とも呼ばれる。ヒハツモドキというコショウ科植物の実を煎って粉にしたもの。

島唐辛子を泡盛に漬け込んだ「コーレーグースー」は、味のまとめ役として料理のしあげに使ってもいい。

ゴーヤーと豚バラ肉、
卵の炒めもの

オクラとみょうがの
おかか醤油あえ

春雨サラダ

枝豆と肉そぼろの
混ぜごはん

16

朝の台所仕事はピースフル。

鈴木耕太郎（37歳・会社員）

台所に立つことを習慣にしたい。健やかな生活がしたい。そんな気持ちから弁当作りをはじめたのが2年半前。同時に、運動とは無縁だった僕がマラソンをはじめ、煙草もやめた。ちょうど2人目の子供が生まれる頃で、きちんとした生活への「目覚め」があったのかもしれないですね。

起床は6時。まだ家族が眠っている時間にひとり、鍋を火にかけて湯を沸かし、その間に材料を刻み、フライパンを振って……と小一時間ほど黙々と作業します。自動で炊けるごはん以外、ぜんぶいちから作るので確かに慌ただしい。でも、鍋から上がる湯気や匂い、包丁の音は平和なムードに満ちていて、気持ちを和ませてくれる。朝の台所仕事ってホントにいいもんですね。

弁当のおかずは、家族全員の朝ごはんと兼用なので、小さな子供でも食べられるよう、薄味です。内容は、卵焼き、青菜のおひたし、煮物や温野菜、肉炒めが定番。いつも必ず5品入れるようにします。実は『栄養バランス満点カラフルお弁当』という料理本が教科書。5色のおかずをそろえると、栄養の面でも理想的な弁当になるそうなんです。

じゃがいもはゆでたら、鍋を振って粉をふかせる。ごまあえのすりごまは、使うたびに煎って、すりこぎでする。難しいことはできないけど、こういうちょっとした手間なら惜しまずやる。それと、隣同士のおかずが混ざった味が好きだから、仕切りは使わず、大ざっぱに詰めます。これはささやかなこだわり、かな。

すずき・こうたろう／画材販売会社に勤務。お弁当に入れるごはんの量はどんぶり2杯分。趣味はマラソン。お弁当の内容と走行距離をメモするのが日課。

お弁当の副菜を、緑、黄、赤、白、茶＆黒の色別に紹介。足りない色のページを開けば、おかずが一目瞭然。（女子栄養大学出版部）

牛肉としいたけの炒め煮
粉ふきいも
人参のグラッセ
のり入り卵焼き
ほうれん草のごまあえ
昆布の佃煮
ごはん

隣国の料理上手のお昼ごはん。

王 穎蓀（30歳・パタンナー）

中国から日本に来て12年になりますが、お弁当を持っていくようになったのはこの1年半くらい。中国人は冷めたごはんは食べないので、持参弁当の習慣がないのです。

いまの職場に、お弁当の達人がいて、その人のお弁当を毎日見ているうちに、自分でも作ってみたいなあと思うようになりました。日本のお米は中国のお米にくらべると、冷めてもしっとりと、粘りがあって、おいしいです。日本のお弁当人気も理解できます。仕事が忙しくなると、毎日とはいかないのですが、できる範囲でやってます。

朝手がけるのは2品まで。ひとつのフライパンでムニエルと野菜のソテーを作ったり、ごはんと野菜を同じ皿で蒸したり、まとめて調理します。時間のかかる煮ものは毎回多めに作っているので、それをそのまま詰める日もあります。献立が重なっても、好きなものなら、まったく飽きないですね。味のしみ込んだ煮ものは、冷めてもおいしいです。

ごはんは白米に、緑豆、ひえ、あわ、押し麦などの雑穀入りが定番。夜に飲み会が入る金曜日は、雑穀のおむすびか蒸しごはんと蒸し野菜だけにして、軽いお昼にします。パンの日はイングリッシュマフィンや全粒粉のサンドイッチ。具は、ひじき煮入りのオムレツ、残りものの蒸し鶏に梅肉ソースと青じそなど。中華や和食を洋風アレンジします。おかずのすきまには、よくフルーツを詰めます。彩りにもなるし、あるとかわいいと思うんです。

おう・いんそん／中国の浙江省・杭州から大学進学のため来日。経済を学び、現在、カジュアルウエアメーカー勤務。冬になるとよく作る常備菜は、豚バラ肉をたっぷりの醤油と紹興酒に漬け、幾日も天日干しした醤油肉。

紹興酒とガラスープの素が料理の味のベース。

デザートにりんごを持っていく日多し。ひと切れ、もしくは丸ごと。

月曜日
monday

鶏手羽肉と
栗と野菜の中華煮

ごはん

空心菜の
おひたし

煮ものを作る時はたっぷりと作り、お弁当のおかずに。肉の煮ものには『ル・クルーゼ』の鍋を使うと、やわらかくまろやかに煮える。

鶏手羽と栗の煮ものは中国の家庭料理です。肉の煮ものは煮汁がおいしいので、人参やしいたけ、こんにゃくなどと必ず一緒に煮る。時間のある日曜の夜に作り、ひと晩おくともっとおいしくなる。空心菜のおひたしは、醤油、紹興酒、ウスターソースで味つけ。

火曜日
tuesday

鮭のムニエル

パプリカと
しめじのソテー

ひじき煮

緑豆ごはん

ナツメ

緑豆、雑穀類は帰国するたびにまとめ買いしている。緑豆は体の老廃物を排出し、肌をきれいにするのだそう。

鮭の両面を焼いてから、その脇に野菜を投入。鮭から出た脂を、フライパンを斜めにして野菜へなじませます。

日本スタイルの日。白米に緑豆を混ぜて、ナツメも一緒に炊く。それを梅干しに見立てて日の丸弁当風にしました。副菜はお気に入りの和食のひとつ、ひじき煮。作りおきしているおかずです。いつも油揚げと人参入りにします。

水曜日
wednesday

ひじき卵の
マフィンサンド

蒸し野菜
（さつまいも、いんげん）

りんご

イングリッシュマフィンにひじき煮入りのオムレツとレタスをはさんでいます。パンの日は、蒸し野菜とフルーツを添えて、オーブンシートを敷いた籐の箱に詰めていきます。布は大事にしている『ミナ ペルフォネン』の鳥柄ハンカチ。

ひじき煮入りのオムレツを作りながらマフィンを焼く。マフィンの下にはオリーブオイルを引き、裏返しながら両面をきつね色に焼く。

木曜日
thursday

金針菜ときくらげと
豆腐の中華煮込み

緑豆ごはん

オレンジ

常連の一品

金針菜ときくらげと
豆腐の中華煮込み

材料（４人分）
金針菜……50g
きくらげ（乾燥）……10g
木綿豆腐……１丁
豚こま切れ肉……100g
粗目砂糖……大さじ１
紹興酒……大さじ３
醤油……大さじ３
八角……２個

作り方
１　金針菜ときくらげはよく洗い、ひと晩水につけて戻し、水気を絞る。金針菜は食べやすい長さに切る。
２　豆腐は重しをしてしっかり水切りし、厚めにスライスして、油を引いたフライパンで焼き色がつくまで両面焼く。
３　鍋に１の金針菜ときくらげ、２の豆腐、豚肉、八角を入れ、材料がかぶるくらいの水を加えて火にかける。ひと煮立ちしたら弱火にし、砂糖、紹興酒、醤油を加え、ふたをして40分ほどことこと煮込む。

金針菜ときくらげが入った豆腐の煮込みも中国の家庭料理。金針菜は、芋がらのようなシャキシャキした歯ごたえです。この料理は八角の香りをきかせるのがおいしい。色みが地味なので彩りにオレンジをひと切れ入れました。

金針菜は、中国原産のゆりの花の蕾を乾燥させたもの。

金曜日
friday

蒸し野菜
（さつまいも、
しめじ、空心菜）
ライチ

固くなった冷やごはんと残った野菜を一度に蒸しています。ごはんにはだし代わりに、干し桜えび、干ししいたけ、干し貝柱などのうまみの強い乾物を入れます。おかずの器にできたすきまには今日はライチを詰めました。

蒸しごはん

蒸しごはんの作り方

材料（２人分）
冷やごはん……茶碗約２杯
干ししいたけ……２枚
干し桜えび……大さじ２
紹興酒……大さじ２
塩……少々

作り方
１　冷やごはんをざるに入れ、流水でさっと洗う。
２　ごはんをやや深さのある器に移し、水で戻して粗みじんにした干ししいたけ、干し桜えび、紹興酒と塩を加えて混ぜ合わせる。
３　水を張った中華鍋に２を器ごと入れ、火にかける。沸騰したらふたをして15分ほど蒸す。しあげに青ねぎをちらすと、よりおいしくなる。
＊ごはんの脇に野菜も入れて蒸す。

18

肉と野菜とのりだんだん。

中島恵雄（25歳・ギャラリースタッフ）

以前、教師をしていた頃は、毎日弁当を持っていってましたよ。いちばん大きな理由は、ひとことでいうと、お金の問題です(笑)。

のりだんだんは中学生の頃からの定番です。うちの母親はこればっかりだったんで、当時は飽きてたんだけど、結局、自分で作る弁当もこればっかりになってしまう。のりは、弁当箱の形に合わせて1枚を4等分に切ったら、醤油をつけて、細長いままごはんの上にペーンとのっける。その上にまたごはんとのりをのせて、必ず2段重ねにする。

おかずはいつも、肉の炒めものに、緑も欲しいので、ブロッコリーやアスパラ、ほうれん草なんかのゆで野菜というパターン。肉はブロック買いをしていて、新鮮なうちに切り分けて、『ジップロック』の保存袋に薄く伸ばして冷凍しておく。使う時はポキンと折って、電子レンジで解凍して、フライパンに放り込んで炒めるだけです。味つけは醤油か塩、そこに豆板醤やにんにくを足すこともある。野菜も買ってくるといっきにぜんぶゆでて、冷蔵庫にストックしています。その方が、時間の無駄がないし、安あがりですから。

何もない時はそれこそ、ごはんに梅干しだけの本物の日の丸弁当とか。餃子を皮から作ったり、ピザを生地からこしらえたり、凝ったものを作った時期もあったけど、いまはテキトーになったなあ。というか、簡単なものの方がおいしいと感じる。それに、炒めるだけ、ゆでるだけ、くらいじゃないと続きませんからね。

なかじま・えゆう／大阪の星ヶ丘にある『ソーイングギャラリー』代表。以前は中学の理科の教師をしていた。お弁当箱の包みは染色工芸家の芹沢銈介さんの可憐な柄もの。

これも常連

麻婆なす

材料（2人分）

なす……4本
合いびき肉……100g
長ねぎ……10cm
生姜、にんにく……各1かけ
A ┌ 豆板醤……小さじ1強
　│ 赤みそ……大さじ1弱
　│ 酒……大さじ1
　└ 醤油……小さじ1
油……適宜
水溶き片栗粉…大さじ2

作り方

1　なすは乱切りにして、水にさらしてアク抜きをしたあと、よく水気をふく。生姜、にんにくはみじん切りにする。長ねぎは斜め切りにする。
2　フライパンに多めの油を熱し、なすを弱火でじっくり炒め、少し火が通ったところで取り出す。
3　同じフライパンに油を足し、生姜、にんにくを弱火で炒めて香りを出し、ひき肉を加えて中火で炒める。
4　肉に火が通ったら、なすを戻し、Aの調味料を合わせたものを加えてからめる。汁気がなくなりそうになったら、適宜、水を加える。
5　煮立ったら火を止め、水溶き片栗粉を入れ、再び火にかける。最後に、長ねぎを加えてさっと煮る。

豚肉の豆板醤炒め

ゆでブロッコリー

キャベツ

のりだんだんごはん

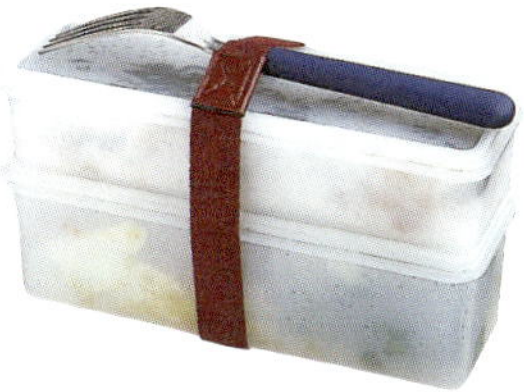

19

かまぼこ型の卵焼きは熟練の味。

竹本 香（34歳・主婦）

ほぼ毎日、夫の弁当を作っています。持たせるだけじゃなく、時々は自分用にも同じお弁当を作って食べてみる。そうすると、時間が経った時の味がわかって、勉強になるんです。

基本は、白いごはんに合う、甘辛い味のお惣菜と卵焼き。そこに、野菜が1、2品。野菜が足りていなくても、夜にたくさん食べてもらえばいいやという気持ちで献立を考えています。

牛肉のしぐれ煮は好評の1品。まず、ごま油を熱して生姜の千切り、牛こま肉を順に炒めて、酒、砂糖、醤油で味つけする。さらに玉ねぎを炒め合わせ、ひたひたの水を入れて、強めの中火で煮詰める。最後にみりんで照りをだして、完全に汁気をとばせば完成。濃いめの味は冷めるとちょうどよくなる。玉ねぎを入れるのは、カサを出したいのと、煮溶けたずるんとした口あたりが好きだからです。

厚焼き卵は料理屋のアルバイト時代、銅の卵焼き器で何十回も作っていました。重くて熱くてハードでしたが、おかげで上達しました。味つけは砂糖と塩、薄口醤油を少々。卵のこしをよく切ってさらさらにすることと、フライパンを十分に熱して油を入れ、ペーパータオルで底と側面にたっぷり油をなじませることが大切。卵液は、まず3分の2ほど流し入れて、半熟で手前から奥へ手早く巻き込む。層になるように残りを2回に分けて焼き、火を止めて、余熱で中まで完全に火を通します。熱いうちに巻きすにとったら、かまぼこ型に整え、おめかしさせます。

たけもと・かおり／友人を自宅に招いて、一緒に料理を作って食べる「料理会」を主催。ベトナム料理やお雛さまのちらしずしなど、毎回テーマがある。将来、カフェを開くのが夢。

おいしい厚焼き卵の作り方

1

卵は、ミニ泡立て器でさらさらになるまでよく溶きほぐす。

2

卵液を3回に分けて流し入れ、強めの中火で素早く厚焼きにする。

3

熱々を巻きすに取り、最初にぎゅっと締めてから、くるりと巻く。

4

巻きすごとボールの上にのせて、下からも粗熱を逃して冷ます。

牛肉のしぐれ煮
厚焼き卵
そら豆の塩ゆで
ごはん

常連の一品

伏見唐辛子の焼きびたしも甘辛味の定番。ごま油で焦げ目がつくまでじっくり焼き、焼きたてを砂糖醤油に漬けたうちの常備菜です。

20

サッカー観戦用の真っ赤っか。

武内郁子（31歳・エディトリアルデザイナー）

鹿島アントラーズの試合観戦に持っていくお弁当なので、チームカラーの赤がテーマ。最初はハーフタイムに何か食べたいな、屋外で食べるのもおいしそうだし、なんて軽い気持ちのお弁当計画だったんだけど、やり過ぎぐらいがちょうどいい性質なんで、作るなら「赤いの！」ってことになって。スタンド席で赤い服を着て、熱狂的に応援するのはどうも気後れしちゃうので、せめて真っ赤なお弁当を広げて、控えめに応援しているというか……（照笑）。

やっぱり「勝つだろう」ってことで、カツサンドは定番。家の台所は手狭なので、ふだん揚げものはしないけど、試合の日ばかりは譲れません。今日はアクセントにパプリカを入れてみました。それからデザートのいちごは絶対的に、大ファンの本山雅志選手の出身地の福岡産じゃなきゃダメ――こんな風にこじつけるのもまた楽しくって……。あと、パスタは食べやすさを考慮してニョッキにしました。ソースは『カゴメ』の「具材どっさり」というレトルト。これは数ある市販のパスタソースの中でも酸味が強くていちばん好きなんです。

そうそう、バゲットに飾ったチームの小旗も自分で作りました。旗はウキウキ度が増すから大事、大事。

たけうち・いくこ／観戦は、ごひいきの選手のマフラータオルを首に巻いて。愛読書はもちろん『週刊サッカーマガジン』。料理本なら、恋人たちの料理の手引書『lover's cookbook』。

カツのバゲットサンド
(ルッコラ、パプリカ)

トマトソースのニョッキ、クレソン

ラディッシュと
プチトマトとトレヴィス

マスタードドレッシング

いちごとラズベリー

21

時間のない朝こそオーブン。

布施綾子（29歳・美容師）

仕事柄、帰宅時間も遅いのですが、疲れてても、夜中でも、キッチンに立ちます。料理を作るのが趣味なんです。子供時代も、芳村真理さん司会の『料理天国』という番組を、毎週欠かさずチェックしているような子供でした(笑)。

食事ってすごく大切だと思う。ごはんを食べてる時に、よく想像するんですよ。「このひと口が血になって、肉になっていくんだわ〜」って。美容師は体が資本。買ったものより、自分で作ったごはんの方が体にいいと思うから、お弁当も作ってます。

とはいっても、おかずは簡単なものばかり。今日のだって、カレー粉とフェンネルをまぶした鰯と野菜にオリーブオイルをかけ、オーブンにガーンと入れて焼いただけ。その間にシャワーを浴びたりして。オーブン焼きは定番で、野菜だけで持っていくことも多いんです。五穀米はいつも寝る前にといでおくので、朝は炊飯器のスイッチを入れるだけ。ラタトゥイユは昨日の晩ごはんの残り。

店の近所に「秘密基地」と呼んでいる事務所があって、そこにスタッフが集まって食事をすることが多いんです。そこでも私は料理担当。その場にある食材と調味料をあれこれ組み合わせて、気ままに作るのだけど、アドリブの料理が大好きなんですね。みんな何杯もおかわりしてくれて、うれしいことにいつも好評。

夢は、世界を旅しながら現地の食材で料理すること。野外料理にも挑戦したい。豚の丸焼きとか、いいなあ。

ふせ・あやこ／モロッコ料理と茨城の農家から取り寄せる野菜セットが近頃のマイブーム。愛用のキッチン道具は寸胴鍋。豆と野菜のスープが自信作。お魚は何でもさばけるそう。

＼常連の一品／

ラタトゥイユ

材料（２人分）
なす……２本
ズッキーニ……１本
パプリカ……１個
にんにく……1かけ
鷹の爪……１〜２本
ホールトマト水煮缶……１缶
オリーブオイル……適宜
塩、こしょう……各少々

作り方
1　なすとズッキーニは輪切り、パプリカは縦半分に切って種とへたを取って２等分、にんにくは薄切りに。
2　厚手の鍋にオリーブオイルをなじませ、にんにくと鷹の爪を入れて焦がさないように弱火で炒める。
3　香りがでたらズッキーニ、パプリカ、なすの順に入れて炒め合わせ、しんなりしたら水煮トマトを入れ、塩、こしょうで味をととのえ、10分ほど煮込む。

ラタトゥイユ
菜の花のおひたし
ゆで卵
クレソン

プチトマト
鰯と野菜の
オーブン焼き
(じゃがいも、
玉ねぎ、香菜)
レモン

梅干し
五穀ごはん、青のり

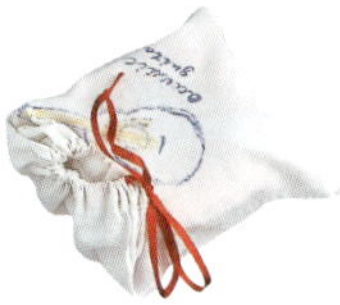

22

朝20分で晩ごはんの仕込みまで。

山本純代（42歳・アパレルメーカー販売促進）

ひとつのフライパンで3品くらい一度に調理してしまうから、お弁当作りは毎朝20分。卵料理と炒めものにウィンナーという内容が多いかな。その20分の間に、晩ごはんの仕込みもする。半日以上おいた方がおいしくなる煮ものとか、何かしら1品は作ってますね。夜も、3つのコンロをフルで使って、後ろで電子レンジが唸っていて、冷蔵庫には煮びたしが冷やしてあるという状態。何でもてきぱきやるのが好きですね。

スピード料理をあと押ししてくれるのがドレッシング。油の代わりにもなるし、味つけもこれ1本で済むから炒めものに便利なんです。今日はスクランブルエッグに使ってます。軽く熱したフライパンに、冷凍ストックしている青ねぎの小口切りを凍ったまま入れて、水気を飛ばします。その上にドレッシングをたらして、卵を流し込んで、箸でかき混ぜて、こしょうしておしまい。ホントあっというま。

ウィンナーは電子レンジで加熱したあと、表面をパリッとさせたいので、少しから焼きします。

残りものも必ず入りますよ。糸こんにゃくのきんぴらもそう。今日のはイタリア風です。というのはバジルを漬けたオリーブオイルを使ってるから。糸こんにゃくはフライパンでから炒りしてアクを抜くんです。ぷちぷち、じーという音がしたら、オイル少量とバジルを刻んで入れて、豚こまも投入して、油がまわったら、酒、塩、こしょう、柚子こしょうを加えて、炒りつけています。

やまもと・すみよ／仕事もお弁当もキャリア20年以上。真っ赤なお弁当箱は10年もの、袋は手製。料理のアイディアはなじみの居酒屋やレストランから得ることが多い。夫とふたり暮らし。

これ便利

味つけには、『クラフト』のランチドレッシングがお気に入り。

バジルとドライトマトのオイル。風味づけに。

自家製なめたけ。市販品は甘過ぎて苦手。

糸こんにゃくのきんぴら

ピーマンと油揚げの炒めもの

青ねぎのスクランブルエッグ

ウィンナー

のりごはん

23

がんもどきと野菜で具だくさん。

小栗弥生（28歳・会社員）

　商売をしている家で育ったので、中学生の頃から食事作りを手伝わされていました。そのおかげで、高校を卒業する頃には、ひと通りの料理ができるようになっていました。大学時代は、ひとり暮らしだったのに、すし桶まで持ってた(笑)。

　お弁当は夫の分と合わせてふたつ作ります。時間がない方が燃えるというか、忙しい朝に、どこまで効率よくできるか、考えるのが楽しいです。

　市販品も積極的に取り入れていますよ。今日は近所のコープの銀杏入り冷凍がんもどき。いろいろ食べたけど、ふんわりしてて、これがいちばんおいしいと思う。あり合わせの野菜と一緒に炊けば、具だくさんになって、これだけでけっこう満足できる。ほかにも、いなりずしの酢めしには、パックのもずく酢を混ぜるし、乾燥の味つき昆布巻きを豚の薄切り肉で巻いて煮ものにした昆布豚なども、市販品を使った常連おかずです。

　朝ごはん用のみそ汁の鍋で野菜をゆでるのもしょっちゅう。みそを入れる前のだしで、切った野菜をざるごとゆでるんです。それを塩昆布であえれば1品できあがります。

　スペースが余ったら活躍するのが、電子レンジでチンする野菜。いつも入れるのは、さつまいも、かぼちゃ、人参、じゃがいもなどです。輪切りにして、さっと水で洗い、ビニール袋に入れて、電子レンジで加熱します。ゴロゴロと並べると、表情が出て元気なお弁当になる気がします。

おぐり・やよい／大学でプロダクトデザインを学び、現在は食品の商品開発に携わる。雑誌『四季の味』を愛読している。夫と満1歳の娘の3人家族。

さつまいもの日

鮭と野菜とさつまいも

ごはんと
いかなごの釘煮

大好きなさつまいもは電子レンジでチン。生鮭は野菜をのせて蒸し焼きし、はちみつと醤油でからめています。佃煮はいかなごの釘煮。

がんもどきと
野菜の炊き合わせ

キャベツの塩昆布あえ

玄米ごはん　黒ごま

わたしの
お気に入り

夏場は自家製ケーキを凍らせて持参。バナナ、抹茶、コーン味など。

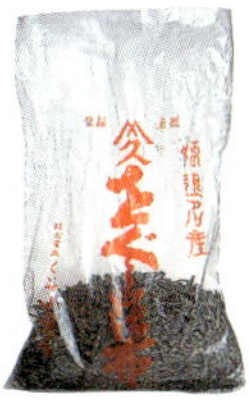

塩昆布は兵庫県尼崎市の老舗昆布店『くいせ小倉屋』のもの。

今日のゆで野菜はキャベツ。だしで2～3分。それを塩昆布であえる。

24

お弁当は、冷めていてもあたたかい。

野寺温子（29歳・看護師）

仕事をはじめた頃は、大病院の外科に勤務していたこともあって、めちゃめちゃ忙しく、緊張の連続で、正直お弁当どころじゃありませんでした。恥ずかしながら、お昼はほとんどコンビニのおむすびか菓子パンで済ませていたんです。そんな私がお弁当持ちになったのは、小規模の病院に移って、以前より時間に余裕ができた頃、たまたま友人からいまのお弁当箱をプレゼントされたのがきっかけ。最初は節約を意識した義務的な気持ちでスタートしたのに、「冷めているのにあたたかい」お弁当の魔力にはまり、なんと6年間も続いているんです。自分でもびっくり。

でも、いつも超簡単なおかずなんです。まず、ほぼ毎日入れるのは、お肉の炒

のでら・よしこ／結婚１年目の新妻で、夫のための愛妻弁当も毎日作っている。２匹の愛犬（チワワ、コッカースパニエル）にメロメロで、「いまは犬がいちばん！」。

- おかか入り卵焼き
- アスパラバター
- プチトマト
- マカロニとほたてのマヨネーズあえ
- 牛肉と三つ葉の炒めもの

めもの。ご近所の鉄板焼屋さんから特別サービスで分けてもらっている甘辛の夕レで炒めるんだけど、味がしっかりしているから、冷めてもおいしくて、ごはんにぴったり。それから、マヨネーズあえも定番。家ではめったに食べたいと思わないのに、お弁当に入っていないと、なーんかさみしくて。「お弁当味」なんですかね？ 「のり玉」のふりかけごはんもそうだけど、私はどうやらレトロな味わいに弱いみたい。

短い時間でできることを無理せずにやっているから、長続きしているのかな。時間にしたら15分くらいで完成の、頑張らないお弁当でも、やっぱりおいしい。そのうえ、うれしいことに、お弁当にしたら6年間で8キロも痩せたんですもの！ まだまだやめられません。

ごはん

桜えびとしらす入りのり玉ふりかけ

25

野菜はぜんぶ父の畑のとれたて。

西 ますみ（32歳・パタンナー）

自分で作るお弁当歴は10年になります。よく続いてるなあと思うけど、私には、外食ものは味が濃すぎるし、油っぽく感じてどうも苦手。それに添加物の使用も気になって……。こういうの、健康オタクと言うんでしょうか(笑)。なにしろ、母は栄養士、父は家庭菜園が生き甲斐のような人で、ずっと無農薬の野菜を作っています。そんなわけで両親とも筋金入りの自然食志向で、それを私もしっかり受け継いでしまいました。

お弁当の内容は、おおざっぱだけど、栄養バランスにこだわった組み合わせ。野菜は、根のものと土の上にできるものをそれぞれ入れて、食物繊維とビタミンを多く含むきのこ類も欠かさないようにして。あとは、たんぱく質も欲しいから、魚か肉どちらか一品にゆで卵半分、っていうのが基本形です。

調理法は、だしで煮ふくめるか、ゆでるか、オリーブオイルで炒めるか。お弁当だけじゃなく、朝も晩も自炊して同じようなものを食べてるけど、飽きないですねえ。それに、調理の幅はせまくても、手まめに作っている自信はあります。煮ものにはいつも、煮干し、さばぶし、かつおぶしからとっただしを使っています。だしのうまみのおかげで塩分は少しでいいし、その分、野菜の風味が生きておいしい。だしは時間のある時にちょくちょくとって冷蔵庫で保存しています。

毎日残業続きで、体をずいぶんと酷使しているのに、いたって元気。まさに「食は力なり」です。

にし・ますみ／カジュアル衣料メーカーのレディス担当。無添加で、種起こしに時間がかからない「白神こだま酵母」のパン作りにはまっている。買いものは生協の個人宅配を利用中。

おかかおむすび

ちりめん昆布のおむすび

黒ごまのおむすび

かじきまぐろのハーブソテー
じゃがいもと人参の煮もの
オクラのゆでたの
玉ねぎとしめじの炒めもの
ゆで卵
いんげんのゆでたの

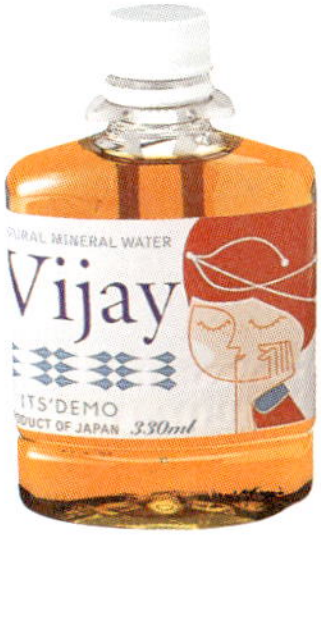

飲みものは、自分で煮出したほうじ茶を、空になったペットボトルに入れて持参する。

26

生野菜は葉っぱ一枚でも入れません。

脇坂友美（37歳・アウトドアブランド販売）

外で買うお弁当は種類が多過ぎてうんざりしていたし、「弁当があったらうれしいな」という同居中の彼のリクエストもあって、お弁当作りをはじめました。

やっていくうちに自分流のルールができあがりました。まず、おかずは4品以上、すきまなくぎっしり詰める。ある程度量を食べたいし、その方が見栄えもいいと思うんです。ごはんも頬ばって食べられるようにたっぷり詰める。あと、時間が経った生野菜はおいしくないから、葉っぱ一枚でも絶対に入れない。生は冷えてシャキッとしてないと！ それから、甘い卵焼きは必ず入れる。これはないとさみしい。

基本的に、彩り不要の質実剛健なお弁当ですが、のりとチーズのキューブみたいなユニークなおかずを入れたり、ごはんの上の佃煮とふりかけをまん丸くしたり、オッと目をひくポイントを作るのは好きですね。

時間のある時にひと手間かけて作っておくのが、ハンバーグの種。合いびき肉に水気を切った木綿豆腐、玉ねぎのみじん切り、塩、醤油、パン粉代わりのすりごま、卵を加えて、粘りが出るまでこねたもの。それを、お肉が入っていた発泡スチロールのトレーに戻して平らに広げ、ラップをして冷凍します。使う時はトレーごとはさみでチョキチョキ切ればいいので、取り出しも簡単です。ハンバーグのほかにも、丸めて多めの油で揚げるように焼き、ケチャップと酢と砂糖のあんでからめた肉団子にするのもおいしいんですよ。

わきさか・ともみ／北海道出身でおいもが好物。ポテトサラダのじゃがいもは、電子レンジで加熱後、数分間ゆでて必ず粉ふきにする。お弁当箱は漆のフェイク。佃煮の容器だったそう。

常連の一品

のりの佃煮

材料

焼きのり……5枚
A［酒、砂糖、醤油、みりん……各大さじ1
鷹の爪……1本

作り方

1　焼きのりを適当な大きさにちぎり、水にひたす。のりがやわらかくなったら、目の細かなざるに移し、水気を切る。
2　鍋にのりとAの調味料、鷹の爪を入れ、中火でゆっくり煮詰める。
＊冷ましてから、ふたつきビンに詰める。保存は冷蔵庫で約10日間。

豆腐入りハンバーグ
きんぴらごぼう
青ねぎ入り卵焼き
ポテトサラダ
のりチーズ
のりの佃煮
じゃこ玉ふりかけ
ごはん

27

得意は母親ゆずりの乾物おかず。

平田亜矢子（26歳・洋菓子メーカー勤務）

ひとり暮らしをはじめてから、お弁当作りにはまっています。仕事柄、四六時中洋菓子を試食しているせいか、どうも和食が恋しくなってしまう。だから、和のおかずにごはんが基本です。とくに母親から教わった乾物料理が多いですね。

　銭麩の蒲焼きと桜えびを入れた卵焼きは、母親がよく作ってくれた定番おかずです。銭麩を水で戻したあと、水気を絞り、小麦粉をまぶして揚げ焼きにします。水、酒、醤油、みりん、砂糖を煮詰めたタレをからめてできあがり。もちもちとした食感で、お麩とは別物みたい。干し桜えびは、ひたひた程度の湯にひたして、電子レンジで10秒ほど加熱します。こうすると、うまみが逃げず、蒸したようにふっくらと戻るんです。

ひらた・あやこ／『向田邦子の手料理』がバイブル。「分量が書かれていない大雑把なレシピがしびれます」。紹介されている料理をぜんぶ作るのが目標。

- 銭麩の蒲焼き
- 桜えびの卵焼き
- 菜の花のからしあえ
- 干しあんず

花切り大根は、大根を薄く輪切りにして干したもので、ぱりぱりと歯ごたえがよく、汁のふくみもいい。花が咲いたような姿かたちも気に入っています。煮つけは、人参と水で戻した大根を油で炒めてから煮干しと油揚げを入れ、水、醤油、酒、砂糖でしあげました。

お弁当にも汁ものが欲しいので、みそとかつおぶし、乾燥わかめ、ねぎなどの具材を練り混ぜて丸め、ラップに包んで持っていくようにしています。お湯を注ぐだけで、なかなかおいしいみそ汁ができるんですよ。

乾物は、自分で扱うようになってますます好きになりました。戻るまでの時間には、待つ楽しみがあるし、大根や干ししいたけの「田舎の香り」にもなんだか癒されるんです。

花切り大根の煮つけ

ひじきごはん

みそ玉

花麩

平田さんの
高野豆腐のふくめ煮の
作り方

材料
高野豆腐……２個
干ししいたけ……３枚
昆布だし……２½カップ
酒……大さじ２
薄口醤油、砂糖……各大さじ１
いんげん（ゆでたもの）…適宜

煮汁には昆布だしを使います。それに干ししいたけとその戻し汁を足すと、味に深みが出ます。おつゆはやや甘めに味つけ。口にふくむとほんのり甘いおつゆがしみ出して、上手に煮えた高野豆腐はごちそうです。ふっくらした形もたまらなく好きです。

1

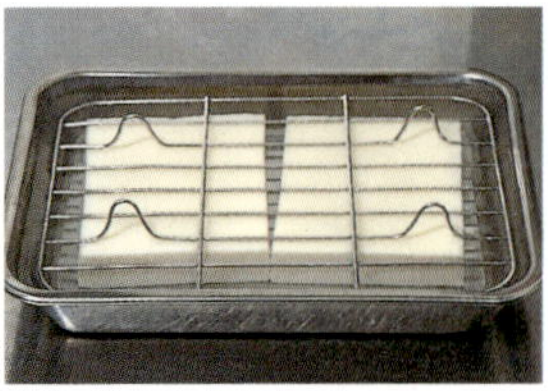

豆腐をお湯にひたし、浮き上がらないよう軽い落としぶたをして10分ほどおいて戻す。私はバットと付属の網を使用。

2

２倍くらいに戻ったら、バットの水を替えながら両手で押し洗いする。白い水が出なくなるまで、２、３度繰り返す。

3

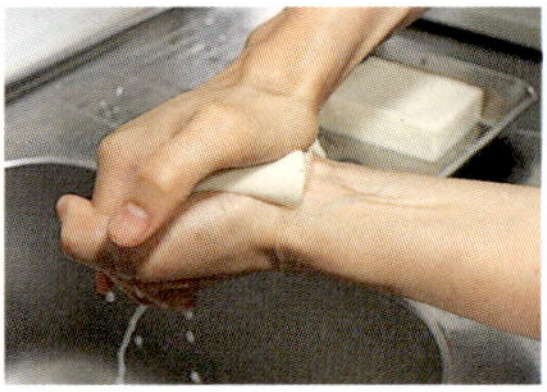

煮汁をよくふくむよう、両手ではさんで、しっかり水気を絞る。無理やり握りつぶさず、ギューッとゆっくり押す。

みそ玉の作り方

花切り大根、芋がら、高野豆腐、かんぴょう……乾物類は大きいタッパーにまとめて保存します。湿気は厳禁。

黒糖寒天は、黒糖を湯で溶き、粉寒天を混ぜて常温で固めたもの。お弁当の甘みとして作りおきしています。

みそ、１cm角に砕いた高野豆腐、乾燥わかめ。ボウルに合わせてくるくるかき混ぜ、ラップに丸めて持っていく。

4

高野豆腐をそれぞれ4等分にする。1時間前から戻しておいた干ししいたけは、軸を切り落とし半分に切る。

5

鍋に煮汁を作る。まずは昆布だしをたっぷり。最初に煮汁の味を決めて、煮はじめてから味を足さないようにする。

6

干ししいたけの戻し汁、酒、醤油、砂糖を加えて中火にかける。豆腐の色を生かしたいから薄口醤油で。

7

煮立ったところで、干ししいたけを入れる。そのあと高野豆腐を、できるだけ重ならないように並べ入れる。

8

ふたをして弱火で10分煮ふくめる。最後にゆでいんげんを入れ、さっと煮る。火を止めて、さらに味をふくませる。

完成

常備菜

常備菜、ぜんまいの醤油煮。ぜんまいの水煮を使うと簡単。ごま油で炒めてから砂糖、酒で煮つけ、醤油とみりんを入れて汁気がなくなるまで煮詰める。最後に白ごまをたっぷり混ぜる。ごはんにのせてビビンパ弁当にするのも好き。

ごはんのおとも、青菜とじゃこのふりかけ。青菜を軽くゆでて水気を絞り、みじん切りにする。ごま油でじゃこを勢いよく炒め、そこに青菜を入れてさっと混ぜる。酒、醤油で味つけして火を止め、ごま、おかか、七味唐辛子を混ぜる。

28

園長先生お得意のまんぷくおかず。

滝口 宣（43歳・幼稚園園長）

　私の幼稚園は弁当食なので、保護者のみなさんに手作り弁当がいかにすばらしいかをお話しすることがあるんですが、まず自分が作っていないと説得力がないでしょう？　だから娘と息子が幼稚園生の頃は、弁当は僕が担当していました。アンパンマンの顔をしたおむすび、タコさんウィンナー……喜んで食べてもらえるよう努力しましたねえ。

　子供たちは小学生になり、現在は自分の分だけです。妻に言わせると「今のあなたのお弁当はつまらない。子供に作っていたお弁当の方が楽しかった」とのこと。こだわるところが違うから仕方のないことなんですけど……（笑）。

　作るのは肉野菜炒めとか、あり合わせの材料でできるものが基本。今日はポーク缶と残り野菜のチャンプルー。油は引かずにポークだけを焼いて取り出し、今度はポークから出た脂で卵を炒め、また取り出す。次に油を引いて、勢いよく野菜を炒める。我流だけど、油少なめでしつこくないし、卵の色もきれいにしあがるんです。味つけは、かつおでとっただしと塩のみ。旅先の沖縄で食堂のおばあちゃんから教わったんです。以来かつおだしは、炒めものなどいろんな料理に使うようになりました。

　鶏のから揚げは子供の弁当を作っていた頃からの定番。私のは甘辛くて、にんにくたっぷり。そのタレにもかつおだしを入れて、にんにくのすりおろしも多めに。ひと晩冷蔵庫でねかせるから、しっかり味がついて驚くほどうまいんですよ。

たきぐち・とおる／神奈川県茅ヶ崎市の『恵泉幼稚園』園長。料理の腕は学生時代の居酒屋アルバイトで磨いた。晩酌は「ジャック・ダニエル」がお気に入り。

常連の一品

甘辛にんにく味のから揚げ

材料（2人分）

鶏もも肉……1枚

A
- かつおだし……50mℓ
- 砂糖……大さじ1
- 醤油……40mℓ
- みりん……25mℓ
- 酒……25mℓ
- にんにくのすりおろし……1かけ分

片栗粉、揚げ油……各適宜

作り方

1　鶏肉は脂肪をきれいに取り除き、ひと口大に切る。

2　ボウルにAの材料を合わせる。

3　2に鶏肉を入れてよく混ぜ、ラップで落としぶたをして、冷蔵庫でひと晩漬け込む。

4　片栗粉をまぶして揚げる。

鶏のから揚げ

ポークチャンプルー

塩鮭

ごはん

29

今日の材料費、合計100円？

中井美保（34歳・派遣社員）

安あがりだし、健康のことを考えて10年お弁当を作り続けています。朝は限られた時間なので、夕食の時に多めに作ったり、時間のある時にたくさん作って冷凍しておいたり、効率的に作るようにしています。

ここ1、2年は、乾物を使ったお惣菜ばかり。乾物って地味なイメージだけど、栄養があって、保存がきいて、料理の幅も広い。しかも、戻すと量が何倍もふえるから、食費もずいぶん節約できて助かります。今日の材料費も100円くらいしかかかっていません(笑)。

高野豆腐の煮ものには、干ししいたけ、干しゆば、玉ねぎを入れています。乾物の風味と玉ねぎの甘さだけでいい味が出るので、煮汁は、干ししいたけの戻し汁、ごく少量のだしの素と醤油で薄味にします。煮汁の味を決めてから煮ることが、ふっくらしあげるコツです。切り干し大根は、かき揚げの具にしても、甘みが増しておいしいですよ。水で戻してよく水気を絞り、適当に切った大根、拍子木切りにした人参と玉ねぎ、竹輪の半月切りを合わせ、小麦粉、卵、水、塩、青のりを混ぜた衣で揚げています。これは新潟出身の友人に教えてもらった料理。切り干し大根は煮つけよりもこっちの方が好きですね。

みそ豆は、2年間暮らしたことがある徳之島で覚えた料理。ピーナッツと煮干しをから煎りして、麦みそと砂糖を弱火で練ったものをからめるだけ。簡単だけど、香ばしさと甘しょっぱさが後を引く。食後のお茶うけにぴったりなんです。

なかい・みほ／ダイビング歴は13年。水中で魚たちと過ごすひとときが最高の幸せ。水中写真に凝り、魚の顔をマクロレンズで撮り続けている。

わたしの工夫

みそ豆はピーナッツ1袋分をまとめて作る。黒糖をからめた甘いピーナッツも常備品。

お弁当の飾り用に、人参の葉を再生栽培。2cmほど残したへたを水を張った器に入れ、窓辺におけば、2週間で葉が収穫できる。

高野豆腐と
干しゆばのふくめ煮

切り干し大根の
かき揚げ

わかめの炒り卵

煮干し入りみそ豆

ドライプルーン

雑穀ごはん

梅干し、ごま

30

旬のトマトは丸ごとがぶりが好き。

宿輪貴子（35歳・イラストレーター、ギャラリー勤務）

　玄米には、アマランサスという穀物を混ぜています。ぷちぷちした食感も好みだし、ミネラルとたんぱく質が豊富なんですって。秋田杉のわっぱは、程よく水分を吸収するから、時間が経ってもごはんがふっくらしておいしく食べられます。

　おかずは、時間のある時に調理して、冷凍保存することが多いですね。今日のゆで野菜やピーマン炒めもそう。ほかに、豚の生姜焼き、炒り鶏、魚の煮つけ、卵焼き……わりとなんでも冷凍しちゃう。朝は電子レンジで解凍するだけで完成。

　献立は、玄米に合う醤油味の和食。できるだけ旬のものを使い、シンプルに調理します。季節を感じると余計においしい気がしますね。トマトが食べ頃の時季は、丸ごとゴロンと詰めて持っていき、かぶりついて食べるのがたまらなく好きです。切り昆布は、梅干し、酒、砂糖、醤油、だしの素で、汁がなくなるまで煮つけました。酸っぱさで食欲が増すし、防腐効果もあるので、夏場は毎日持っていく常備菜です。がんもどきは豆腐をつぶすところから作りました。木綿豆腐はしっかり水切りをするためにゆでて、その後、布巾で包んで水分を絞り出すと、形が崩れにくい。干しきくらげと干ししいたけ、いんげん、人参の細切りを煮て、粗熱を取ってから、豆腐、銀杏、卵、小麦粉と混ぜ合わせ、小判形に丸めます。ここまで前日に作業しておき、朝は油で揚げ焼きするだけ。余分に作って仕事仲間にお裾分けすると、うれしいことに大好評なんです。

しゅくわ・たかこ／『いい旅みつけた』『味の手帖』の装画を手掛ける。数年前に都心から神奈川県郊外へ転居。森に囲まれた6畳3間の古い家に暮らしている。

これも常連

お揚げの卵とじ

材料（1人分）
油揚げ……1/2枚
竹輪…1本
スナップえんどう……5本
卵……1個
薄口醤油、みりん……各小さじ2
昆布……2cmの角切り
干ししいたけ……2枚
水……2/3カップ

作り方
1　水に昆布、干ししいたけを入れてひと晩おく。
2　水で戻したしいたけは薄切り。油揚げは沸騰した湯に入れて軽くゆでて油抜きし、1.5cm幅の短冊切りにする。竹輪は輪切りにし、スナップえんどうはすじを取っておく。
3　1のだしを温め、煮立ったら醤油とみりんで味をととのえ、2の材料を入れる。スナップえんどうがしんなりしたら、溶き卵をまわし入れてふたをし、半熟になるまで煮る。
＊ごはんの上にのせ、もみのりを散らし、紅生姜を添えるとおいしい。

みょうがと生姜の即席漬け

材料
みょうが……1本
生姜……1かけ
塩昆布……適宜

作り方
1　みょうがは縦半分に切り、芯の部分を切り取って薄切りにする。生姜は皮をむき、千切りにする。
2　ビニール袋に1と塩昆布を一緒に入れ、手でよくもむ。しっかり空気を抜いて15分ほどおく。

ピーマンのおかか炒め
切り昆布の梅干し煮
梅干し
いんげんのごまマヨネーズあえ
ゆでアスパラガス
がんもどき
トマト
玄米とアマランサスのごはん

熱いお茶をたっぷりいれて、お弁当を広げる。

31

お弁当で食材を大切に使いきる。

菊地秀代（31歳・食材宅配会社勤務）

食材を宅配する会社に勤めていることもあって、自分でもそれを利用しています。毎週届く食材を使いきるために、お弁当を作るようになりました。顔見知りの生産者が作っているものも多いので、大切に全部を味わいたいと思うんです。

お弁当のごはんは、それだけでも満足感がある、混ぜごはんや丼ものにすることが多いです。今日は、鶏の胸肉を甘辛のタレでからめて焼いた、きじ焼き丼を作りました。子供の頃によく食べた、千葉県・佐倉の駅弁「やきとり弁当」を真似たものです。

作り方は自己流で、タレは、醤油、みりん、はちみつ。砂糖の代わりにはちみつを使うと、きれいな照りが出るし、まろやかな味にしあがるんです。

漬物は、残り野菜で作るおなじみのおかずで、日頃からいろんな種類を試作しています。生姜の甘酢漬けは梅酢とはちみつで数日間漬け込みます。大根は塩もみして、酢、はちみつ、昆布と鷹の爪を合わせた調味液にひと晩漬け込んだもの。

お弁当のおともに、みそ汁も欠かせません。みそは、玄米麹みそ。同僚と一緒に毎年仕込んでいる自家製で、職場にも常備しているんです。かつおぶし、とろろ昆布、乾燥わかめなどを具材に、お湯を注いで作る即席みそ汁ですが、みそにしっかりとうまみがあるから、きちんとだしをとらなくてもおいしいんです。おむすびに漬物、みそ汁だけでも十分しあわせ。おかずが少なくても、満足なお昼になります。

きくち・ひでよ／産地交流ツアー、収穫体験、料理教室など、会員向けのイベントを担当。忙しい朝は、奥薗壽子さんのズボラ料理のレシピがお役立ちだとか。

常連の二品

生姜の甘酢漬け

材料

根生姜（できれば新生姜）……100g
梅酢……100〜150mℓ
はちみつ……大さじ1

作り方

1　皮をむいて薄切りにした生姜を空きビンに入れ、梅酢とはちみつを加え、ふたをしてシェイクする。
2　冷蔵庫にひと晩おいて味をなじませる。冷蔵庫で約2週間はもつ。

大根の一夜漬け

材料

大根……1/3本
昆布……約10cm
鷹の爪……1本
塩……適宜
はちみつ……大さじ1
米酢……1カップ

作り方

1　大根はいちょう切り、昆布は細切りにする。鷹の爪は種を取って小口切りにする。
2　大根を塩もみして水気を絞り、大きめの空きビンに、昆布、鷹の爪、はちみつ、米酢と一緒に入れ、ふたをしてシェイクする。
3　全体がよく混ざったら、冷蔵庫でひと晩以上おいて味をなじませる。一夜漬けに限らず、2〜3日経ったものも昆布のエキスが出ておいしい。保存は冷蔵庫で約2週間。

きじ焼き丼

しめじと
小松菜のソテー

人参の明太子あえ

大根の一夜漬け

生姜の甘酢漬け

玄米麹みそ

わかめ

とろろ昆布

かつおぶし

32

桜色のお弁当は季節限定の特別。

渡邊美穂（38歳・飲食チェーン会社勤務）

春になると、道すがら、落ちている桜の花を拾ってきて、梅酢に漬けるんです。五穀ごはんの真ん中にのせるのがお気に入り。おかずが少なくても、なんだか華やいで見えるんですよね。毎年、なくなるまで大事にいただいています。

おかずのピンクは、長芋の一夜漬け。これも梅酢で作りました。梅酢って、体にいいし、防腐作用もあるでしょう。漬物、あえものの色づけに、ものすごく便利！　梅酢は、実家から送られてくるんです。梅の土用干しで余ったものだそう。梅酢使いは、母親ゆずりなんですよ。

エリンギの塩炒めは大定番。手がかからない分、お塩はちょっとこだわって岩塩を使っています。夕食のお刺身を取り分けておいて、火を通して持っていくことも多いです。今日のかんぱちもそう。おろしにんにく、唐辛子ペースト、酒で下味をつけて、ソテーにしています。いなだやはまちは塩と白ワイン、鮪だったら醤油と生姜。魚によって味つけを変えます。煮魚にする時は酒と醤油にひと晩漬けておいて、煮込まずに電子レンジでチンで終了。みりんや砂糖の甘みが苦手で、ごはんのおかずは塩辛くないとだめなんですよ。ほかに、野菜が足りないなあと思ったら、別容器で生野菜を持っていくことにしています。ドレッシング類も得意じゃないので、何もかけずに食べます。

ベランダで育てている葉蘭を仕切りに使うのも小さなこだわり。緑の効き目で、おいしさが増す気がします。

わたなべ・みほ／会社ではウェブ制作を担当。手作り弁当歴は足かけ20年ほど。ベランダには山椒の鉢植えもあり、こちらもお弁当に活用。浜田省吾ファン。

ヤングコーン

ミニアスパラガス

レタス

かんぱちのソテー

山椒の葉

エリンギの塩炒め

長芋の梅酢漬け

桜の花の梅酢漬け

五穀ごはん

\ 春のおたのしみ /

桜の花の梅酢漬けは、お弁当に華を添える逸品。洗って梅酢に漬けるだけ。

一週間のお弁当

33

畑の恵みをシンプルに調理する。

中山 実（29歳・ステンレス製品製造）

仕事場には毎日、弁当を持っていきます。中学生の頃から弁当だったんで、並んで買ったり、外食したりっていう習慣がない。12時になったら、さっと熱いお茶をいれて、すぐに食べるのが理想。だからやっぱり弁当じゃないと。育児で大変なカミさんに代わって、家族の朝めしと弁当作りは基本的に僕。できる限りやろう、と心がけてるんです。

ふだんの食事も弁当も、野菜が主役。というのも、いま暮らしている埼玉県の小川町は、町ぐるみで有機農業を続けているところで、無農薬の野菜が新鮮でひじょーにうまい。自然栽培でできる露地ものだから、その季節しか味わえない。余計にありがたみがわきます。

弁当のおかずは、家族の朝めしと一緒。子供の食べやすいものを意識してます。野菜入りの卵焼きもそこからの発想。野菜炒めも、ずっと定番ですね。とにかく手っ取り早いでしょう。あとは、丸ごとゆでた野菜をゴロンと詰める、とかですね。新鮮なものは、シンプルに味わうのがいちばんだと思ってます。はじめて扱う野菜なんかは、生産者から直接、どうするかを教えてもらう。そういうやりとりも、おもしろい。

毎朝欠かさずにみそ汁を飲むんだけど、中の具をおかずにすることもけっこうある。野菜の味をじゃましない程度の薄い塩気。これがまたうまい。見栄えは気にしないんで、ただ、ペン、ペンとおかず、ごはんをたっぷり2膳分くらい詰める。その上に梅干しをのっけて持っていくという具合です。

なかやま・みのる／ステンレス製のキッチンや家具を注文製作する「桃ノ木製作所」代表。金と銀のお弁当箱は、独身時代から愛用しているもの。

野菜は、有機野菜農場から毎週届く。すぐ使ったり、冷蔵不要の野菜は折り込みチラシに包んで、風通しのいい冷暗所で保存している。

金と銀のアルミ製お弁当箱を日替わりで使用。たっぷり入るドカ弁。

月曜日
monday

カレーパン

ゆでかぶ

ゆで卵

僕にとってのカレーパン。ホットサンドメーカーで焼いたこれが食べたくて、日曜の晩は、じゃがいもいっぱいのカレーにしてもらう。ホットサンドには、食いちぎってもこぼれないよう、じゃがいもがとろけてもさもさした「次の日のカレー」がふさわしいと思う。ゆでかぶは醤油で、ゆで卵は塩で、かぶりつく。

ホットサンドメーカーは物心ついた時から家にあったので25年は経っているはず。食パン２枚とも焼き面にマーガリンを塗り、ふたをぎゅっと押さえてプレスしながら、弱めの中火で５分、裏返して５分こんがりと焼く。

火曜日
tuesday

豆腐とモロヘイヤのごま油炒め

みょうがの卵焼き

きゅうりの漬物

梅干し　梅じそ

ごはん

モロヘイヤを豆腐と一緒にごま油で炒める。これは農家の人に教えてもらったやり方。今日はベーコンと玉ねぎも足して豪華にした。卵焼きはみょうが入り。味はつけず食べる時に醤油をたらす。そのほかのオレ流卵焼きは左の通り。

じゃがいもとのり入りは、スペイン風のつもり。いもは電子レンジで4～5分加熱。無農薬だから皮つきのまま。

みょうがの斜め切り入り。香味野菜も卵といい相性。シャリシャリとした歯ごたえもいい。うちの子もこれが好き。

僕の作るのは、薄焼き卵のみ。にらと卵はいちばん好きな組み合わせ。これをみそ汁に入れることもある。

水曜日
wednesday

- じゃがいもとベーコンのバジル炒め
- かぶの梅酢漬け
- にら入り卵焼き
- 煮干し粉とじゃこのふりかけ
- 梅干し
- ごはん

梅干しは実家から。左は2年、右は3年もの。

日もちがよくないかぶを梅酢漬けにした。

梅酢があれば、弁当の酸味にうれしい漬物も簡単にできる。

生のバジルを炒めものの最後にちぎって入れてみたら大成功。とても香りがよく、味に変化が出た。ふりかけは煮干しをフードプロセッサーで粉にしてじゃこと混ぜた手作り。牛乳嫌いだから、意識して小魚を摂るようにしている。

木曜日
thursday

ねぎとベーコンのチャーハン
じゃがいもとのり入り卵焼き
ちぎりレタス

得意のチャーハン作り。油は多め。強火で熱して具を炒め、卵が半熟のうちにごはんを入れて素早くからめる。あとは鍋を振りながら、ごはんの固まりを切るようにつぶすとぱらぱらになる。長ねぎは大きめの斜め切り。

残りごはんで得意のチャーハン。具はベーコン、長ねぎ、卵。ベーコンは近所の肉屋の特製。燻製の風味が強くて非常にうまい。よく炒めものに、だしとしてちょっと加える。チャーハンには、ちぎりレタスを添えるのが好きだ。

金曜日
friday

春雨と野菜のあんかけ
みそ汁の具（いんげん、豆腐、卵）
高菜の漬物
梅干し
ごはん

少々傷んできた野菜をドカンといっきに炒め煮し、あんかけにした。水を入れ、味を薄くできるので、炒めものがしょっぱくなってしまった時の打開策でもある。今日は、戻した春雨、豚バラ肉、なす、しめじ、人参、キャベツ。

＼ 土曜はおむすび ／

おむすびはでっかいのがふたつ。いつも、おかか醤油かゆかり。炊きたてのごはんに混ぜ、俵に握ってのりを巻き、アルミホイルに包んでいく。果物とチーズはカミさんに持たされる。

34

五穀ごはんでビビンパ弁当。

吉田紫磨子（32歳・会社員）

お弁当は煮ものをメインにした和食が多いのですが、父が韓国人なので、子供の頃から食べていた韓国の家庭料理もよく作っています。とくに、野菜がたっぷり味わえるナムルは常連のおかず。ヘルシーだし、どんな野菜でも簡単に作れるんですよ。

定番のもやし、ぜんまい以外は、夫の実家の菜園でとれる旬のものを使います。味つけは、基本的に、ごま油、すりごま、塩。家で食べるナムルには、さらににんにくを加えます。それぞれの素材の香りを損ねないように、控えめな味にし、なすはごま油を多めにしたり、いんげんには砂糖を少量加えたり、野菜によって好みで調整します。いちばん大切なのは、手で混ぜ合わせること。手を使うと、しっかり味が染み込み、おいしさが増すような気がします。

お弁当には、今日のように、別の容器に入れたごはんの上にナムルをのせて、コチュジャンと一緒に混ぜて食べるビビンパにすることが多いですね。その時は、わかめスープを魔法瓶に入れて持っていく。これがあるのとないのでは、満足感が違うんです。

ごはんは、きび、あわ、ひえ、麦、黒紫米を好みの配合でブレンドし、白米に加えたもの。毎朝、土鍋で炊いています。土鍋で炊いたごはんは、もっちりとして味が濃く、おこげもできて、本当においしい。蒸らし時間を入れても30分で炊けるから時間短縮にもなって、やみつきになってしまいました。

よしだ・しまこ／妊娠、出産の経験を通し、産後女性の心身の健康をサポートする必要性を痛感。休日を利用し、産後のセルフケア教室を自宅で開催している。

常連の一品

キムパプ（韓国のり巻き）

材料（２本分）

ごはん……茶碗２杯分
きゅうり……½本
人参……½本
たくあん……約10㎝
卵……１個
ごま油、砂糖、塩、すりごま
　……各適宜
醤油……小さじ½
のり……２枚

作り方

１　きゅうりは皮をむいて、千切りにする。鍋にごま油を入れよく熱し、強火で炒める。鮮やかな色になったら、ひたひたの水と醤油、塩少々を加えて煮ふくめる。

２　人参は千切りにして軽く塩ゆでし、ざるに上げて水気を切る。ボウルに入れ、ごま油、すりごま、塩少々を加えて手で混ぜる。

３　たくあんは縦に細長く切る。甘めの卵焼きを作り、同様に縦に細長く切る。

４　ごはんにすりごま、塩少々を加え混ぜ合わせる。のりは火であぶる。

５　巻きすに４ののりを１枚のせ、ごま油と塩を合わせたものを、薄く、まんべんなく塗る。さらに手前から¾くらいまでに４のごはんの半量を均一に広げ、その真ん中に１、２、３の半量をのせて、手前からしっかり巻く。同様にもう１本作り、お弁当箱に合う幅に切る。

ナムル
（いんげん、ぜんまい、
もやし、ほうれん草、
人参、なす）

ゆで卵

五穀ごはん

35

カラフルなデリスタイルが気分。

小谷彰子（30歳・ギャラリー勤務）

朝が弱いので、時々持っていくお弁当は、前日の夜に準備します。遅く帰っても夕食は必ず作るので、その残りをアレンジしたものが多いですね。朝食抜きが習慣なので、その分、お弁当はたっぷりです。

グージェールは、長尾智子さんのレシピ本で知って、それ以来はまってしまって。甘みのないシューなんですが、シュークリームと違ってふくらませなくていいので、とっても簡単。生地にいろいろな材料を混ぜ込めば、味と見た目のバリエーションが楽しめます。今日は、いか墨のペースト、トマトペースト&パプリカ、ミックスナッツ、ほうれん草の4種類。それぞれにマッシュポテトをはさみました。サラダのドレッシングは自分なりに試作を重ねてきた自信作。オリーブオイル、シークヮーサー、粒マスタードを混ぜ、塩、こしょうで味をととのえ、水にさらした玉ねぎのみじん切りを加えて完成。シークヮーサーを使うと、自然でマイルドな酸味にしあがるし、体にもよさそうなので、重宝しています。豆は時間のある時に煮ておきます。実家が京都の丹後で、帰るたびに安い豆をたくさん買い込んでくるので、切らしたことはありません。

お弁当用の手さげは、東京の合羽橋《かっぱばし》で買った厚手のオイルペーパー袋に穴を開け、紙ひもをつけたお手製。いれものには、プラスチック容器のほか、お菓子の入っていた木箱やグラシン紙も使います。ラッピング感覚で包む作業もお弁当作りの楽しみのひとつなんです。

こたに・あきこ／餃子、お好み焼き、うどんなどを作って食べる「粉の会」を友達数人と結成。大好きな輸入食品は、チェーン店『カルディコーヒーファーム』で調達している。

おすすめの一品

ほうれん草のグージェール

材料（約4×8㎝のもの12枚分）

ほうれん草……1/3束
プロセスチーズ……50g
薄力粉……70g
卵（L）……2個
A
- 無塩バター……60g
- 牛乳……60mℓ
- 水……60mℓ
- グラニュー糖……小さじ1/2
- 塩……少々

作り方

1　ほうれん草はさっとゆでてざく切りにし、すり鉢で軽くあたる。プロセスチーズは5㎜角のサイの目切りにする。
2　鍋にAを入れ、中火にかける。
3　沸騰直前にふるった薄力粉を入れて弱火にし、木べらで素早く、しっかりと混ぜる。
4　生地がひとまとまりになり、鍋肌から離れてきたら火からおろす。
5　溶き卵を少しずつ加えながら混ぜ、木べらを持ちあげた時、生地がゆっくりと落ちるようになったらOK。
6　5に1を混ぜ合わせ、オーブンシートに絞り出して長方形に形作る。
7　180℃に温めておいたオーブンで約30分焼く。
＊そのまま食べてもおいしい。生地に混ぜる素材はお好みで。

4種のグージェール
(ほうれん草、トマト、
いか墨、ナッツ)

マッシュポテト

鶏肉の
グリーンマスタード焼き

人参の明太子バター

スプラウト

長芋のキッシュ

サラダ菜

黒豆とプチトマトのサラダ

オリジナル
ドレッシングの配合

オリーブオイル…大さじ2
シークヮーサー果汁
…大さじ2
粒マスタード…小さじ2
塩、黒こしょう…各適宜
玉ねぎのみじん切り…少々

36

腹もちのいい太巻きは男の料理。

佐藤史佳（28歳・アウトドアメーカー企画、デザイン）

5人兄弟の長男なので、たまに炊事の手伝いをしてたし、ひとり暮らしも長いから、自炊は慣れてるんです。弁当も週の半分くらいは、作ってます。昼飯代を浮かせたいっていうのが最大の理由だけど、「食」って生活の柱になる部分だから、できるかぎり人まかせにしないで、積極的に関わっていきたいなあ、と思う。「食」にまつわることにはすごく興味があって、スーパーマーケットは何時間いても飽きない。僕の憩いの場になりつつあります(笑)。

弁当のメニューは、好物の卵を使った料理が多くて、卵サンド、卵とレタスの炒飯、オムライスとかが定番。太巻きは、早起きした日によく作る。巻きずしって腹もちがいいし、ちょっとごちそう風でしょ。それに、おむすびより太巻きの方が男っぽいと思うんだけど、どうだろう。

カリフォルニア巻きは、のりが内側でごはんが外側っていう変形ずしなんだけど、作り方は見た目ほどややこしくないです。まずラップを敷いた巻きすに酢めしを広げて、その上にのりをのせる。そこにうなぎの蒲焼き（できあいのもの）とアボカドのスライスを並べて、マヨネーズと白ごまをかけ、最後にサニーレタスをおいて、のり巻きの要領で巻き込めばできあがり。今日は、余ったアボカドでもう一品。粗くつぶしたアボカドを市販のタルタルソースと合わせ、ゆでたえびとあえただけの簡単料理だけど、これがうまい！　どっちの料理も、食べた友人からの評判は上々です。

さとう・ふみよし／アウトドアウエアの企画、デザイン担当。会社までの片道17kmを自転車で通勤。お弁当箱を留めているのは夜間走行用のセフティーバンド（リフレクター付き）。

＼これも常連／

スコッチエッグ

材料（2人分）
ゆで卵……4個
合いびき肉……100g
玉ねぎ……1/4個
小麦粉、溶き卵、パン粉、揚げ油……各適宜
塩、こしょう……各少々

作り方
1　ボウルに合いびき肉を入れて塩、こしょうをし、粘り気がでるまでこねる。
2　1に玉ねぎのみじん切りを加えて、ざっくり混ぜ合わせる。
3　2を4等分にしてゆで卵を包み、形を整えて、小麦粉、溶き卵、パン粉の順につける。
4　中温の油で4〜5分こんがりと揚げる。
5　4を半分に切る。マヨネーズで食べるのが好き。

うなぎのカリフォルニアロール

えびのアボカドソース

サニーレタス

37

小さい容器に小さなおかず。

藤森まや（31歳・団体職員）

仕事は医学会の事務を担当しています。大学の図書室内に小さな事務局があって、そこでひとりで黙々と働いているんです。机の正面は大きな窓で、そこからの眺めがすごく素敵。緑が繁って、ヨーロッパみたいな雰囲気で。お弁当はその景色を眺めながら食べます。

今日のいかは昨日の夜おろしました。夫との晩酌のおつまみに、わたを焼いたんです。ぽん酢あえは、胴とゲソを切って日本酒と片栗粉をまぶし、多めの油で炒め揚げして、ぽん酢を回しかけています。ぽん酢はそれだけで味が決まるからよく使うんです。片栗粉でとろみをつけると味がよくからんで、汁気もなくなるからお弁当向きなんですよ。

大根の皮のきんぴらは、晩に大根を使う時に作っておきます。皮を千六本にしてごま油で炒め、佃煮を混ぜて炒りつけたもの。佃煮は「おふくろさん」という市販品で、小袋に別々に入った煮干し、味つけ昆布、かつおぶし、ごまを、混ぜ合わせるだけのセット。名古屋に住んでいた頃は普通に見かけましたが、東京近郊に越したいまは通販で購入しています。

お弁当作りに便利なのがミルクパン。母のおさがりです。うずらの卵を煮たり、ウィンナーを2本だけゆでたり、がんもどきやロールキャベツをひとつだけ煮るのにちょうどいい。うずらの卵はかわいらしいから、水煮を甘辛く煮て、よくすきまに詰めていくんです。お弁当箱が小ぶりなので、おかずもそれぞれ小さめにしています。

ふじもり・まや／お米に、ツナ缶、しめじ、だし醤油、酒、塩少々を入れて炊く海山ピラフもお弁当によく持っていく。魔法瓶に入れたホットコーヒーがおとも。

常連の一品

うずらの卵は、醤油とみりんと酒で煮て、ひと晩ねかせてお弁当に。

参考書『おそうざい十二カ月』（暮しの手帖社）は母娘二代で所有。

いかのぽん酢あえ

大根の皮のきんぴら

しいたけとししとうのグリル

おかひじきのゆでたの

ごはん

梅干し

38

香ばしく焼いた魚の干物が主役。

佐藤野須子（24歳・家庭科教師）

　うちは、家族そろって魚好きなんです。通学用に母親が作ってくれたお弁当も焼き魚や煮魚が定番でした。当時は、魚が入っているお弁当がなんだか恥ずかしくて、自分で洋風の可愛らしいのを作ったりしてたなあ……。いまではすっかり和食派で、私もシブいのを作ってますけど(笑)。魚はとくに干物が好き。生魚にはないうまみがあるんです。鯵のほかにも、かます、えぼ鯛、ほっけ、鰯やししゃもの丸干し……いろんな種類を持っていきます。

　あと、毎日作るのが、季節の野菜や乾物類を使った料理。夏なら、やっぱり、なす。油で両面をサッと焼き、塩、こしょうをしただけのシンプルなす焼きをよく作ります。直火焼きよりも手軽なので、お弁当向きかな。高野豆腐の煮ものも、スルッとした口当たりで、冷めてもおいしく食べられるので、夏場によく作る一品。たっぷりの湯で戻した高野豆腐を絞ったら、いったん小麦粉をまぶして揚げます。こうすると、ぱさぱさ感が消えてコクが加わる。それに味も染みやすくなるんです。いんげん、人参、干ししいたけを、酒、みりん、麺つゆ、しいたけの戻し汁で煮ふくめ、最後に豆腐を加えてひと煮立ちさせればできあがり。

　野菜は両親が趣味で作っている露地物。いつも前日に収穫したものを食べていますが、味が濃く、みずみずしいこと！　休日は私も畑仕事を手伝います。土をいじって、野菜を育てる体験から感じとったことを授業で伝えていきたいですね。

さとう・やすこ／「家事が得意だったので」家庭科の教師を志す。自分で育てた藍で、染めものに挑戦する予定。盆栽いじりも休みの日課。両親、姉と同居。

＼これも常連／

色鮮やかな
なすのおひたし

材料（1人分）
なす……1本
醤油、生姜のすりおろし、
かつおぶし……各適宜

作り方
1　ボウルに水をはっておく。なすはへたを切って耐熱皿にのせ、ふんわりラップをして電子レンジで1分半、加熱する。
2　加熱後、すぐになすをボウルの水にひたし、なすの上に重しとして小皿をかぶせる。なすをなるべく空気に触れないようにすること。
3　1分後、粗熱がとれたら小皿をかぶせたまま水を捨て、別のボウルに氷水を作り、なすを素早くひたして、ふたたび小皿をかぶせる。
4　2～3分後、氷水から取り出し、手で縦に裂く。おろし生姜、かつおぶしをのせて醤油をたらす。
＊なすは、加熱後、なるべく空気に触れないようにして冷やす。こうすると変色せずに紫色のまま。

鯵の干物

つつみ菜

高野豆腐と野菜のふくめ煮

焼きなす

みょうがの梅酢漬け

黒ごまごはん

39

母の味がいつのまにか私の味に。

長野ともこ（30歳・イラストレーター、グラフィックデザイナー）

週2日、デザイン事務所へ出勤する日はお弁当にしています。私は独身時代からお弁当持ちでしたし、夫にはなるべく手料理を食べてもらいたくて、彼の分は毎日作るようにしています。

たいてい、朝ごはんのしたくと合わせて20分ほどでパパッと作業します。ごはんはタイマーで炊いておいて、朝起きたらまずお弁当箱に詰めて冷ましておきます。おかず作りには100円ショップの小さなアルミ鍋をいくつも使うんです。同時進行で作れるし、小型の分、火の通りがとても早いから、さらに時間短縮になって、ホントに重宝です。

お弁当の中身は和食中心。油揚げと卵の袋煮、野菜の豚肉巻きは、幼稚園の頃からお弁当で食べていた懐かしいものです。ひじき煮は、大豆、サイの目切りのこんにゃく、千切りの人参を入れた五目豆風で、実家の食卓の常連でした。炒り煮にするので、あっというまにできあがるお弁当向きの一品。煮ものも豚肉巻きも味つけは、砂糖・醤油・お酒かみりんの薄めの甘辛味です。すきまには自家製の酸っぱいピクルスを詰めて、味のバランスをとっています。どれも母の真似からスタートし、いまではちょっぴり私の味になったおかずたちです。

毎日毎日の食事作りを通して、いつのまにかレパートリーもふえ、近頃では、手早く手間なくできるという点で「おふくろの味」ほど楽な料理はない、と感じられるほどです。ずっと作り続けてきたことがよかったのかな、と思います。

ながの・ともこ／気がむくと夫婦で小旅行。スケッチブックと鉛筆、カメラを持参して、信州・安曇野の山里で過ごすのがお気に入り。日本の田舎の美しさを再認識している。

常連の二品

ピクルス

材料

大根……¼本
きゅうり……1本
水……1カップ
米酢……½カップ
塩……小さじ1
粒こしょう……少々
赤唐辛子……1本
ドライフェンネル……少々

作り方

1　大根ときゅうりは1cm角、長さ4cmくらいの拍子木に切りそろえ、ビンに入れる。
2　鍋に水、酢、塩、粒こしょう、赤唐辛子を入れて煮立てる。
3　ビンに2の調味液を熱いうちに注ぎ、好みでフェンネルを入れ、ふたをする。冷蔵庫で2日ねかせて、漬け込む。

油揚げと卵の袋煮

材料（2人分）

油揚げ……1枚
卵……2個
水……½カップ
だしの素……小さじ2
砂糖……大さじ½
みりん……大さじ1
醤油……大さじ1

作り方

1　油揚げは半分に切って袋状に開き、卵を割り入れて袋の口を楊枝でとめる。
2　1を軽くゆで、引きあげる。
3　鍋に水、だしの素を煮立て、2を口を上にして並べ入れ、砂糖、みりん、醤油を加えて煮ふくめる。

油揚げと卵の袋煮

大豆とひじきの煮もの

人参といんげんの
豚肉巻き

きゅうりと大根のピクルス

かぼちゃの煮もの

十穀ごはん

梅干し

40

ごはんは一合、ふりかけのせて。

塚原泰三（31歳・バイヤーアシスタント）

　社会人になってからずっとお弁当派。以前は、冷凍食品を利用したり、白いごはんだけを詰めて、おかずは外で買ってくることも多かったんです。でもここ一年は、肉抜きの、油を控えたおかずを自分でこしらえています。もともと肉も揚げものも大好きなので、気を抜くとすぐ太ってしまう体質で……。だから、平日のお昼くらいは、カロリー控えめな食事をとろう、と心がけている次第です。

　作るのは〝おばあちゃん食〟とでも言いましょうか。安い材料で、手早くできるものと決めています。おかずは時間のある時にドカンと作って冷蔵庫で保存しておき、なくなるまで毎日お弁当に持っていくんです。僕、何日も同じメニューが続いても平気なんです。

　肉に代わるたんぱく源として豆腐をよく使います。定番は炒り豆腐。豆腐はペーパータオルに包み、お皿で重しをして20分水切りする。干ししいたけは戻して軸を取り、食感が残るよう少し厚めに切る。人参は太めの千切り、ちくわは半月切り。これをごま油で軽く炒め、続けて豆腐をほぐし入れ、炒め合わせる。砂糖、醤油、酒で味つけし、汁気がなくなりパラッとなるまで炒りつける。溶き卵を入れ、ざっくり混ぜて、ゆでた絹さやを加えて火を止める。おいしさの秘密は干ししいたけでしょうか。うまみがぐんと増す気がします。

　小さな容器にはごまあえやおひたしなど青もの野菜を。おかずは低カロリーですが、ごはんはたっぷり一合食べちゃうんです。

つかはら・たいぞう／インテリアショップでアンティーク家具の買い付けや販売を担当。料理レシピは『キユーピー3分クッキング』のウェブでチェック。

ほうれん草のごまあえ

炒り豆腐

ごはん

緑黄色野菜ふりかけ

41

デザインもお弁当作りの楽しみ。

樋口久瑛（29歳・塾講師）

塾の授業が夕方から夜遅くまであるので、夕食はお弁当にしています。午前中から授業がある日はお昼の分も作って、ふたつ持っていきます。

夜はしっかり食べたいので、いつもごはんのお弁当。ごはんは雑穀入りの玄米なんですが、『ル・クルーゼ』の大きな鍋でたっぷり炊いて、熱々のまま小分けにし、冷凍保存しているんです。レンジでチンしたごはんでも、炊きたてとくらべてまったく遜色ないんですよ。

献立は自然とごはんに合う和風のものになります。今日のつくねは、牛と豚の合いびき肉に水切りした豆腐を合わせ、さらに納豆、青じそ、生姜、卵を混ぜて焼いたヘルシーなもの。ひじき煮は常備菜で、韓国産の一味唐辛子をきかせてピリ辛にしあげます。あと、彩りによく使うのがフリルレタス。見た目が華やかになり、時間が経ってもしんなりしないスグレモノです。

昼は軽めに、たいがい朝食用に焼いたパンケーキの残りで巻きサンドにします。赤キャベツは、なんといっても色鮮やかだし、水分が少ないので、お弁当向き。具はいつも、パッケージ買いしたポップなはちみつの容器に詰めています。

おかずのレイアウトをちょっぴり楽しげな表情に作れば、ふたを開けた時に、気持ちが和み、疲れも消えていくようです。容器にこだわったり、どう詰めたらかわいいのか、どの布で包もうか、そんなことを考えて工夫するのは大好き。毎日のお弁当作りで楽しみがふえた気がします。

ひぐち・ひさえ／東京・お茶の水の進学塾で国語を担当。最近気になるのは、英国人の美形シェフ、ジェイミー・オリヴァー氏。「食感の異なる素材の組み合わせが自由で、新鮮！」

粉、卵、牛乳、はちみつで作るほんのり甘いパンケーキです。

昼ごはん

- 赤キャベツのサラダ（くるみ、レーズン、カッテージチーズ）
- きゅうり
- 大豆とかぼちゃのドライカレー
- サラダ菜
- パンケーキ

常連の一品

レンズ豆のひじき煮

材料
芽ひじき（乾燥）……50g
レンズ豆……100g
砂糖……大さじ1
かつおだし、みりん、醤油
……各½カップ
サラダ油……少々
韓国唐辛子（粉末）……少々

作り方
1　芽ひじきはやや固めに戻し、ざるに上げて水気を切る。レンズ豆は10分ほど水にひたし、軽くゆでる。
2　フライパンに油を熱し、1をさっと炒め、かつおだし、みりん、砂糖、醤油の順に加えて中火にかける。
3　煮立ったらすぐ弱火にし、ふたをして2〜3分汁気がほとんどなくなるまで煮ふくめる。火を止め、唐辛子を好みでふりかける。

晩ごはん

のり巻きつくね
絹さやの塩ゆで
レンズ豆のひじき煮
さつまいものグラッセ
フリルレタス
梅干し
玄米雑穀ごはん

42

雑穀で作るそぼろごはん。

山下歩美（32歳・主婦）

　幼稚園に通う長女のお弁当作りのついでに、毎日、自分の分も作っています。家事をあれこれしていると、気がついたらもうお昼、ということも多いんですが、お弁当があれば、お茶をいれて、すぐにごはんが食べられる。天気がよければ、下の娘を連れて公園で食べたりできるのもうれしい。

　おかずは、地味な和食が多いので、子供にも喜んでもらえるよう、工夫します。もみじやひょうたんに型抜きしたり、煮豆を松葉に刺したり、笹の葉をはさみで切ったり。私自身、昔から箱庭作りとか、小さい世界が好きなので、工作をしているようで楽しいんです。

　今日は自分がいちばん好きだった三色そぼろ弁当にしました。そぼろはひえで作ります。ひえのそぼろはうちの常備菜です。まず炊くところからはじめます。お鍋にひえの倍の分量の湯を沸かして、塩少々とひえを入れてかき混ぜる。鍋底が見えるくらいにひえがもったりしてきたら、ふたをして12〜15分ほどとろ火で炊き、火を止めて10分蒸らします。その後、油で炒めて、生姜のすりおろし、醤油、酒、みそ、水を加えて炒りつけます。作りおきしておけばいつでも三色そぼろが作れるし、混ぜごはん、かぼちゃや里芋のそぼろあんかけ、麻婆豆腐などにも応用できます。

　ドレッシング、酢のものなど、日常的に梅酢を使います。おむすびも水ではなく、梅酢で握るんです。梅酢は体を温めてくれる効果があるそうで、冷え性の私にはありがたいお酢です。

やました・あゆみ／趣味は保存食作り。干ししいたけ、干し柿、切り干し大根、果実酒など手まめに作る。5歳と2歳半の姉妹の母。美しい行楽弁当もおてのもの。

彩りいろいろ

塩ゆでの絹さやは緑のおかずとして常備。

抜き型は季節感を演出する小道具。

和菓子の笹は洗って乾かして仕切りに使う。

ピックには煮豆や刻んだたくあんを刺す。

三色そぼろごはん

紅生姜

幼稚園のお弁当

三色そぼろごはん

ちょうちょ人参

ちょうちょは、紅生姜の代わり。煮ものに入れた人参を型抜き。

山下さんの
いなりずしの作り方

1

鍋に湯を沸かし、そこに半分に切った油揚げを入れて、浮きあがらないように箸で押さえて1～2分、油抜きをする。

2

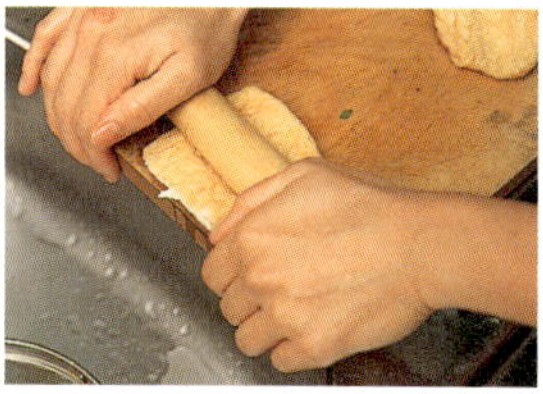

火を止め、油揚げをざるに上げて水気を切る。まな板にのせ、麺棒で伸ばし、さらに水切りしつつ、開きやすくする。

材料（12個分）

ごはん（炊きたて）……2合分

A［米酢…大さじ3　梅酢…大さじ1
　 砂糖…大さじ2　塩…小さじ¾

きゅうりの輪切り（塩もみ）……1本分

干し桜えび…20g

ごま…適宜

油揚げ……6枚

B［砂糖…大さじ2　みりん…大さじ½
　 醤油…大さじ2　水…½カップ

油抜きした油揚げの、余分な水分をしっかり切ることがいなりずしの基本。水分が残っていると煮汁をよくふくまず、味がぼやけてしまいます。煮ふくめた油揚げは小分けで冷凍してもいい。すし酢に梅酢を足すと風味が加わり、よりおいしくなります。

3

Bの煮汁の材料を合わせる。鍋に入れる前に合わせておくと失敗がない。油揚げの味を生かすため、薄味にする。

4

鍋に3と油揚げを入れて火にかける。お玉で煮汁を回しかけながら弱火で煮ふくめる。一度上下を返して、煮切る。

5

煮あがった油揚げは、そのまま冷ます。その後、まな板に移し、半量は袋の口を内側へ3分の1ほど折り込む。

6

Aの材料を合わせる。砂糖は溶けにくいので、よくかき混ぜる。Aの1/3量のすし酢に桜えびをひたし、戻しておく。

7

ごはんは蒸らしてすぐボウルに移し、Aと桜えびを加えて切るように混ぜる。冷めたら、きゅうり、ごまを混ぜる。

8

細長い俵形のおむすびを軽く握り、片側の先端をややとがらせておく。その先端を油揚げの角に詰める気持ちで。

9

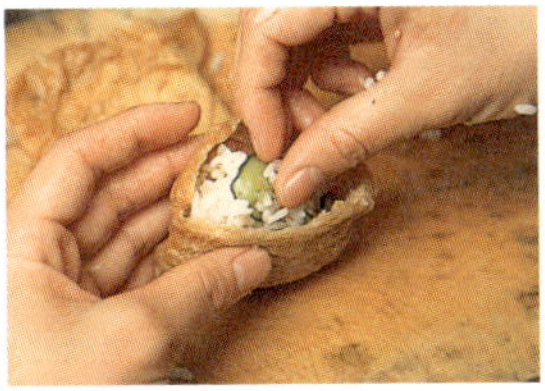

油揚げにすしめしを詰める。袋の口を折った油揚げは、上まですしめしを足し、さらにきゅうり、桜えび、ごまを飾る。

10

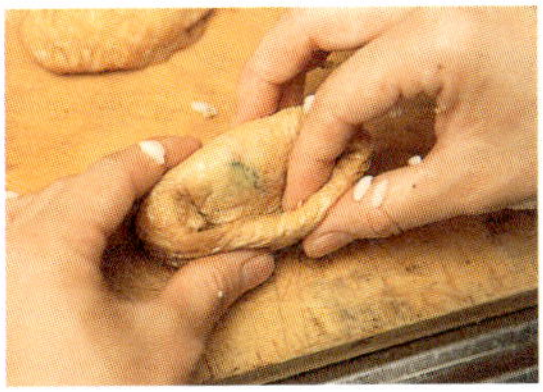

口を折らない油揚げはすしめしを詰めたあと、詰め終わりを折り込んで形を整える。お弁当箱には交互に詰める。

山下さんの
吹き寄せずしの作り方

1

戻した高野豆腐はよく水気を絞り、鶴の抜き型で抜く。残ったまわりの部分も適当な大きさに切る。

2

人参は半分を輪切りにし、中央を雌しべに見立てて花の抜き型で抜く。残りは拍子木切りにして、ひょうたんで抜く。

材料

ごはん（炊きたて）……１合分

昆布…約３cm

A［米酢…大さじ１　梅酢…小さじ１

　 砂糖…小さじ２　塩…小さじ¼

高野豆腐（戻す）……２個

人参……１本

こんにゃく……½枚

卵……１個　砂糖……適宜

水煮たけのこ（穂先の部分）…１本分

干ししいたけ（戻す）……３枚

絹さや（塩ゆで）、ごま……各適宜

B［干ししいたけの戻し汁、水…各½カップ

　 昆布…約４cm　みりん…大さじ２

　 醤油……大さじ１　塩……小さじ½

吹き寄せずしは、乾物とふだんから家にある野菜と卵で作れる、素朴なメニューです。型抜きと盛りつけは遊びの要素があって楽しい。煮ものの味つけは濃いめに。素材の色を生かすために、醤油は控えめ、代わりに塩を使います。

3

こんにゃくは薄くスライスして下ゆでし、中央に切り込みを入れ、くるりとねじって、手綱に見立てる。

4

約2.5cm幅の細長い、甘めの卵焼きを作り、ひと口大のそぎ切りにする。たけのこは穂先の部分を8等分にする。

5

鍋にBの材料を入れて火にかけ、ひと煮立ちしたら、1〜3の材料と、たけのこ、干ししいたけを入れて中火で煮る。

6

ごはんは1.1倍の水と昆布を入れて土鍋で炊く。最初は強火で、沸騰したら弱火で12分。火を止めて10分間蒸らす。

7

蒸らし終えたごはんに、合わせておいたAの材料をすぐに回しかけ、切るように混ぜて、お弁当箱に詰めておく。

8

ごはんの面を目見当で4つに区切り、こんにゃく、たけのこといった大きめの具を4つのスペースにひとつずつおく。

9

高野豆腐、半分に切った干ししいたけ、人参をすきまに差し込むように詰める。4つのスペースに均等におくこと。

10

全体のバランスを見て、彩りよく盛り合わせる。卵のとなりに斜め半分に切った絹さやを差し込み、ごまを散らす。

43

楽しみは土鍋で炊くおこげごはん。

森平 晶（33歳・アーティストマネージャー）

お弁当のごはんは100円ショップで買った小さな土鍋で炊いています。熱のまわりが早くて時間短縮になるし、土鍋炊きは米粒がつややかになって甘みも増すから、冷えてもおいしいんです。火加減は簡単。まず、強火で炊きはじめ、沸騰して湯気が上がったらとろ火にする。約5分後、火を止めて、そのまま20分蒸らしたら炊きあがります。私は、火にかけている間におかずを作り、蒸らし時間にシャワーを浴びて身仕度をしています(笑)。

　ガスコンロが1口しかなくて、シンクも狭いから、おかず作りは、手間も道具も省ける電子レンジを駆使して。スフレ風は、ピーマンとパプリカを半分に切って種を除き、塩、こしょう、少量のマヨネーズを加えた

もりだいら・あきら／お弁当歴16年のベテラン。料理と酒をこよなく愛す。お弁当箱はアシスタントをしていた漫画家の二ノ宮知子先生から譲り受けた輪島塗。

ごはん

実山椒の佃煮

ポイント

炊飯器より早くておいしい。お弁当の分なら、あっというま。

卵液を注ぎ入れる。さらにベーコンの細切りをちらして電子レンジで30秒。卵にマヨネーズを入れると、酢の作用でふわっとしあがります。肉野菜巻きは、豚の薄切りをラップに広げて塩、こしょうをする。その上に細切りにしたパプリカ、チーズ、えのきだけ、冷凍いんげんをのせてくるくる巻き込み、ラップできっちり包む。余熱を考えて電子レンジの加熱は45秒。途中、加熱のムラができないように裏返します。

ほかのおかずに使った野菜が余ったら、半分に切って袋にした油揚げに、卵液、ピーマン、パプリカのみじん切り、いんげんの両端など残りものを入れ、楊枝で口をとじて30秒加熱。簡単にできて無駄も出ないので、私のお弁当の定番です。

ピーマン、
パプリカのスフレ風

豚肉野菜巻き

油揚げの袋もの

プチトマト

44

小さいおかずをコースのように。

小池裕美（36歳・英会話学校勤務）

少しずついろいろな味を楽しむのが好きなんです。お弁当は、晩の余りものがほとんどだけど、品数を充実させたくて。スープやデザートがあると、コースっぽい感じがして、とってもうれしい。私は食いしんぼうだから、こういうことでとても満ち足りた気分になるんです。おかずは、それぞれの味が混ざらないよう、一品ずつ別々に詰めます。いま使っている容器のサイズは少しずつ食べるのに適当なんです。しかも耐熱だから、レンジでチンして、煮ものやスープを熱々で食べられるのも理想的。タワー状に積み、ワインバッグに入れて持ち運んでいます。

定番メニューは、家庭的な洋食。ごはんに合うことが肝心です。ラタトゥイユはいちばん出番が多いおかず。ポイントは、ごく少量の豆板醤と甜麺醤、『にんべん』のつゆの素、醤油、酒少々を入れることでしょうか。少し中華風のしあがりになるので、ごはんのおかずにぴったり。調味料が好きで、かくし味にいろいろと入れますが、料理でいちばん大事にしているのは塩加減。煮ものやスープは、調味料を入れたら何度も味見をします。時間のある朝は、デザートも作る。りんごとバナナのグラタンはすごく簡単に作れるんですよ。まず、適当に切ったりんごとバナナをオーブン用の皿に入れ、そこに市販のクローテッドクリームを牛乳で溶いたものを回しかけて、オーブントースターへ。15分焼いて表面の焦げをかき混ぜ、さらに3分ほど焼けばできあがりです。

こいけ・ひろみ／NHK『きょうの料理』の大ファン。気になったレシピはメモ代わりのレシートの裏に書き留める。ストレス解消は、映画に影響されて習いはじめたサルサ。

小さな容器をタワー状に積んで、ワインバッグに入れて持ち運ぶ。

じゃがいものきんぴら

ラタトゥイユ

りんごとバナナのグラタン

アスパラガスとツナの
ごまマヨネーズあえ

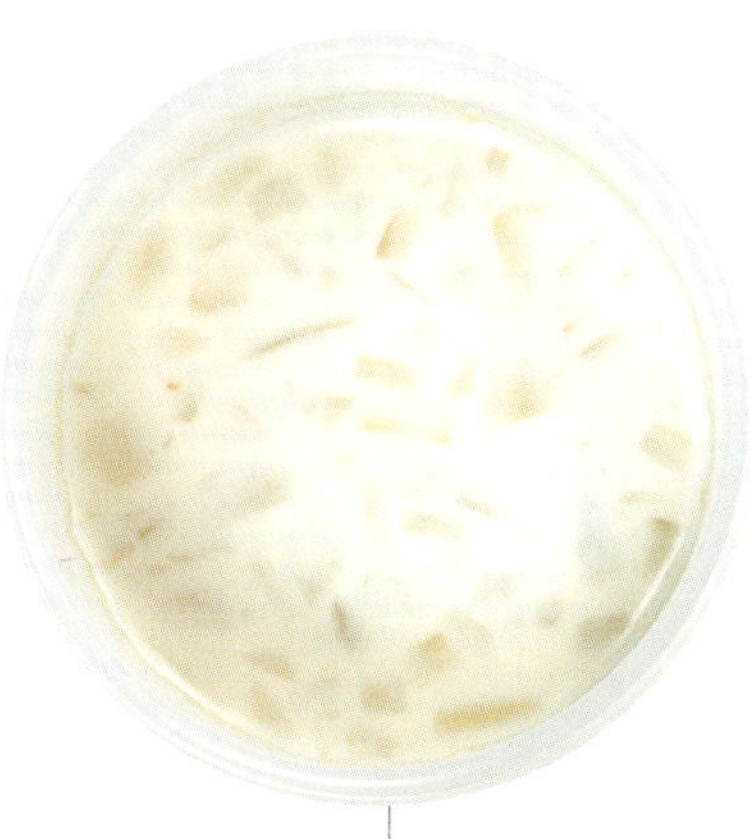

クラムチャウダー

ごまふりごはん

45

ミッフィーのお弁当箱が宝物。

宮下千里（25歳・会社員）

　お弁当は、会社に持ってきている人全員で輪になって食べてます。みんなとおしゃべりしながら食べると、余計においしい気がします。

　お弁当箱は幼稚園の時に使っていたものです。実家の台所の引き出しに眠っていたのを偶然に見つけて、すごくハシャいでしまいました。幼児用なのであまり入らないけど、どうしてもこれが使いたくって。お母さんが作った刺し子の布の包みを開けて、ミッフィーちゃんが出てくると、いつもうれしくなります。会社の人たちは「足りる？」と言って、ふたの上におかずをのっけてくれます（笑）。

　おかずは大好物ばかり。さつまいもとお豆さんとシャキシャキ歯ごたえのある野菜とかが定番です。夜、時間のある時に煮ておいて冷蔵庫に常備しています。今日のお豆は、水で溶いたはちみつをからめて、それからきな粉をあえています。私のおかず、よく変だと言われてしまいます（笑）。いちばん驚かれたのはショートパスタの煮もの。お醤油味で大根と煮たんです。見た目はイマイチ。でも味はかなりイケました。

　料理の写真が好きで、その空間を自分でも作ってみたくて、週に1回フードコーディネーターの学校へ通ってるんです。休日はもっぱら、創作料理を作って、大好きな白い無地やガラスのシンプルな食器に盛りつけて、写真を撮っています。憧れるのは堀井和子さんの世界。素朴でありながらキリリとしてて、いつも変わらない感じが素敵だなあと思います。

みやした・ちさと／通訳コーディネートのアシスタント。人参のジャムとソーセージをはさんだサンドイッチも大好きなお弁当メニュー。自然食品愛好家。

常連の一品

さつまいもと干しいちじくのレモン煮

材料（2人分）
さつまいも……1本
砂糖……大さじ1½
レモン汁……½個分
干しいちじく……5個

作り方
1　さつまいもは皮つきのまま1.5cm厚さの輪切りにし、水にさらしてアクを抜く。
2　鍋に水気を切った1とかぶるくらいの水を入れ、中火にかける。
3　沸騰したら弱火にし、砂糖を入れて約5分煮てから干しいちじくを加えてさらに5分、その後レモン汁を入れ、落としぶたをして3分ほど煮る。

ごまふり塩鮭

さつまいもと
干しいちじくのレモン煮

水菜と長芋のおひたし

豆のきな粉あえ

青じそ

ごはん

46

市販品大活用でイタリア惣菜風。

有馬恵子（26歳・建築専門書店勤務）

　建築やデザインの専門書店でおもに仕入れを担当してます。お弁当にしているのは、スタッフと話したり、次々と届く海外の雑誌にも目を通しながら食べたいから。"ガラスの部屋"と呼んでいる、窓がいっぱいの広い会議室で食べるのも気持ちがいい。

　最近は、イタリアのお惣菜風メニューが続いています。単純にイタリアン好きだからというのも理由だけど、パスタはストックできるし、オリーブオイルやビン詰めの保存食だけでもおいしく作れるから。にんにくスライスと刻んだアンチョビ入りのオリーブオイルを作っておいて、それをからめただけのパスタもよく持っていきます。

　今日の3品も簡単料理。ジェノヴェーゼは市販のペ

ありま・けいこ／お弁当箱はベトナム製の2段式をふたつ使用。尊敬する建築家はイタリアの巨匠カルロ・スカルパとプロダクトも有名なアッキーレ・カステリオーニ。趣味は旅。

ジェノヴェーゼのパスタ

生トマトのパスタ

ーストだし、もうひとつはパスタに例のオイルをかけ、バルサミコ酢にひと晩漬けたトマトをのっけただけ。かぼちゃは、ゆでて冷凍しておいたものをパスタのゆで汁で5分くらい煮て、容器に入れてから、バターを落とし、シナモンパウダーをふればできあがり。これはターメリックをかけてインド風にする日もある。

　会社にはミニキッチンがあって、マイ片手鍋とマイどんぶりも置いてあるんです。時々、コンビニで買ったゆでうどんに、近所のお惣菜屋さんのおいしいてんぷらをのっけて食べます。つゆは、小さなペットボトルに入れて持ってきた、たまり醤油をポットのお湯で薄めて、パックのかつおぶしを入れたもの。これも大満足のお昼なんです。

ぶどう

オレンジ

かぼちゃ煮
バターシナモン風味

47

赤と緑の彩りが引き立て役です。

松尾智子（29歳・派遣社員）

お弁当作りで気をつけているのは、赤と緑の彩り。メインの魚や肉をおいしそうに引き立ててくれる色だからです。献立はこの2色をどうしようか、というところからはじまります。赤はプチトマトだとありきたりになってしまうから、人参や赤ピーマン、金時煮豆、梅干しなどにすることが多い。緑は菜っ葉類のほか、三つ葉や青ねぎ、青じそなど薬味で取り入れるようにしています。

あと、詰め方も大事。ゆで卵や焼き魚などの形がくずれにくいものと、あえものや炒めものなどの形がくずれやすいものを、均等に詰めるよう心がけているんです。くずれにくいものばかりだとすきまができてしまうし、その逆ばかりでも移動の間に片寄ってしまうでしょう。

朝にたくさんのことをしなくて済むよう、前日の夜に下ごしらえをするのも習慣です。野菜を切ってゆでたり、魚や肉に下味をつけておいたり。こうしておけばしあげの調理だけすればいいので、とてもらくちん。

重宝なのが味つけ卵。ゆで卵を煮汁に漬けて、冷蔵保存している私の常備菜です。汁は、卵3個に対し、醤油と酒が各大さじ4、砂糖大さじ1、みりん大さじ½、酢とオイスターソース各少量、種を取った赤唐辛子半分、皮つきの生姜のスライス1〜2枚。汁は卵を漬けるたびに火にかけ、温かい状態にしてビンに戻しています。キッチンペーパーの落としぶたをするのも、卵全体に味を染み込ませるコツなんです。

まつお・ともこ／家庭料理の店でのアルバイト経験があり、そこで覚えたレシピもお弁当によく登場する。献立はお風呂の中で考えることが多いのだそう。

わたしの工夫

卵は半熟よりやや固ゆでに。ひと晩で味がしみこむので翌朝使える。

細長いわっぱを包むのは和てぬぐい。色のついた刺繍糸で両端をまつり、アクセントにしている。

ぶりの照焼き

赤ピーマンのきんぴら

クレソンと人参の塩ゆで

味つけ卵

青じそ

梅干し　生姜の佃煮

ごはん

いれもの いろいろ

南国アジアの取っ手つき段々重ね。海や山でのごはんに似合う。

人気は曲げわっぱ。水分を吸収してくれるので、ごはんがふっくら。

絵を見てうれしく、ふたを開けるとさらにうれしいのがいい。

懐かしいアルミの四角のお弁当箱。ドカベン君にはいまでも人気。

アルミホイルのお菓子の焼き型は、から揚げなど、揚げものに便利。

おむすび用の籐のかご。しっかり閉まって、ごはんが呼吸できる。

タイ製のステンレス。
両脇ぱっちんで汁もれ
も安心です。

ごちそうさまのあと、
小さくなる入れ子式は、
帰りがらくちん。

秋田杉の曲げわっぱ。
まるやかな小判形はお
弁当箱の王道です。

気に入った空きビンも、
おかず入れにして持っ
ていこう。

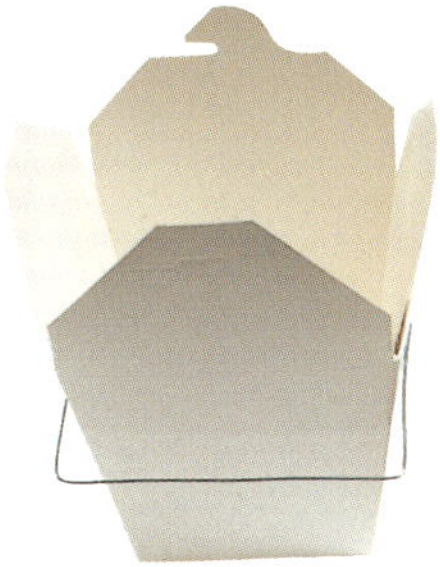

デリスタイルのおかず
入れ。焼きそばやパス
タなんかを入れるのに。

細長い形は、おかずが
詰めやすく、小さな鞄
にもきちっとおさまる。

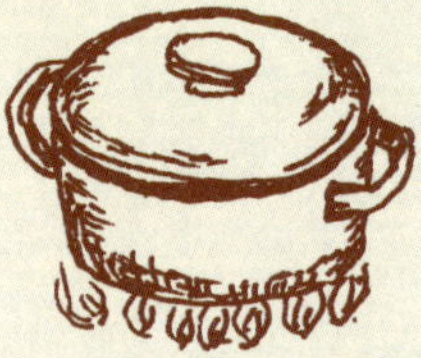

お弁当の知恵 ひとことメモ

まとめ作り

○朝に何もかも作るのは大変。ゆとりがある時にまとめて作るといいでしょう。とはいえ、一度に何品も作ろうとせず一品ずつ確実に。
○きんぴら、ひじき煮、煮豆など、箸休めとして少しずつ食べたいおかずは、まとめ作りの定番です。
○主菜になる肉はブロックで買い、一度に調理して小分けに使っていくのも賢いやり方。少量ずつを作るよりおいしいはずです。
○ハンバーグや肉団子の種は一度にたくさん作り、火を通しておくか、冷凍しておくといいでしょう。
○鶏そぼろは、三色そぼろ、あんかけ、オムレツなどに使えて、優秀なおかずの素。
○野菜はピクルスや甘酢漬けにして常備しておくと、野菜不足の献立や彩りが寂しい時に役立ちます。

晩ごはんのしたくと一緒に

○夕食のしたくのついでに、お弁当のおかずの下ごしらえをする習慣を身につけましょう。
○晩ごはんの魚や肉を取り分けて、あとは火を通せばいいように下味をつけておく。野菜を切る時、ゆでる時は、お弁当の分も一緒に。
○フライものの日は、衣までつけたものを多めに準備して冷凍し、2~3日後のお弁当に。翌日すぐよりも、お楽しみが長もち。
○後かたづけをしながら、煮ものの鍋を火にかける。今夜のひと手間が、明日の自分を助けます。

前の晩のおかずのアレンジ

○残りものにひと手間加えて仕立て直せば、飽きずに食べられます。
○とんかつやから揚げは甘めの煮汁で煮て、卵とじにします。玉ねぎの薄切りを加えれば丼弁当にも。
○ハンバーグは適当な大きさにほぐしてひき肉として使う。肉じゃが、オムレツ、混ぜごはんに応用。
○きんぴらはベーコンを巻いてソテーすると違ったおいしさになる。
○湯豆腐は、水気を切ってオイル焼きや炒り豆腐に変身させます。
○おでんのこんにゃくはちぎって甘辛い煮汁で煮ふくめ、箸休めに。

かしこい冷凍保存

○少量ずつのおかずが必要なお弁当作りでは、素材の冷凍保存が欠かせません。調理品、半調理品の両方を保存しておくと心強いもの。
○冷凍はお弁当1食分ずつを小分けにして。調理済みの鶏そぼろや半調理品のハンバーグの種などは、薄く伸ばして冷凍すると使う時の取り出しが簡単。1食分はだいたい50gが目安。
○調理は素材が新鮮なうちに済ませ、作りたての冷凍が鉄則。
○野菜は、切って蒸してから一度バットに平らに並べ、ラップして冷凍。ぱらぱらに凍らせてから密封容器に保存する。ゆでる時はさっとゆで、よく水気を切ってから。
○おいしさの期限は1か月と考え、計画的に使い切る。在庫品メモをつけると使い残しがない。

お弁当向きの肉と魚

○たんぱく質源の肉と魚のおかずは主菜になるものです。野菜を副菜にして、お弁当には1品が適量。

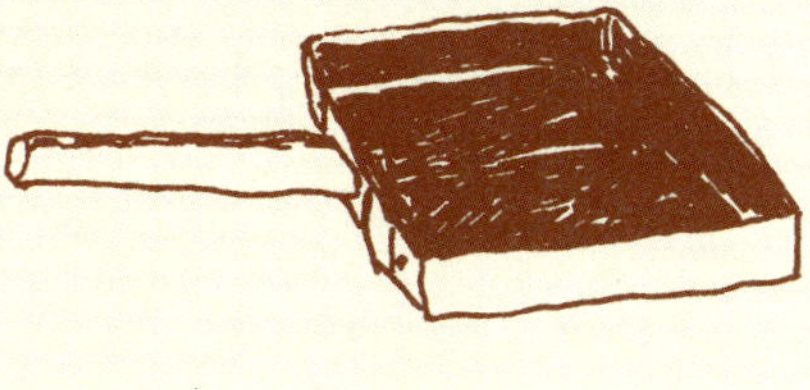

○肉も魚も完全に中まで火を通しましょう。加熱が不十分だと食中毒にもなりかねません。お弁当作りでもっとも注意したい点です。
○野菜を肉で巻いて、煮たり焼いたりするおかずは、肉と野菜が一緒に食べられて切り口の楽しさもうれしい。牛、豚、鶏のどれを使ってもできる、便利な一品です。
○魚なら漬け焼き。前の晩に下味をつけておき、片栗粉をまぶして焼きます。前の晩の煮魚は、朝さっと焼くと、汁気がとび、臭みもでない。塩鮭、みそ漬けは日もちするので常備したいもの。食べやすさを考え、なるべく骨の少ない切り身を選びます。

ごはんのおとも

○佃煮やふりかけなど、味の濃いものが少し入るだけでごはんが進みます。作り方は簡単なので、自家製のごはんのおともを作ってみるのもよいでしょう。
○昆布の佃煮の作り方。昆布をひと口大の四角に切り、少量の酢に漬けて戻す。鍋に昆布とひたひたの水、醤油と日本酒を同量入れて約1時間弱火で煮る。汁気がなくなったら、みりんを入れて煮あげる。煮る時に、干ししいたけの薄切りや山椒の実を加えると、風味がよりよくなります。

お弁当の彩り

○彩りよく詰めたお弁当は、栄養の調和がとれているものです。とくに、ほかの地味なおかずを引きたてる赤と緑の食材は、ビタミン、ミネラルをふくんでいるものが多いので、栄養的にも優先して詰めるとよいでしょう。
○赤は人参、赤ピーマン、トマト、金時豆など。緑は青菜に代表され

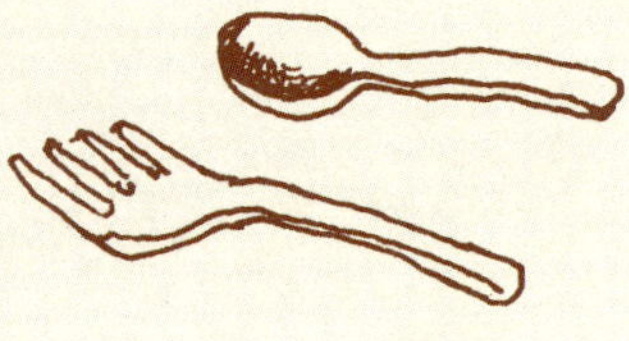

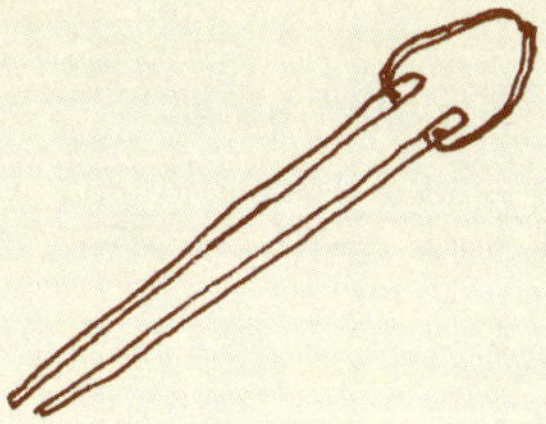

る野菜類。さらに、卵やさつまいもの黄、肉や魚の茶、昆布やのりの黒、ごはんの白を組み合わせて5色で調和をとると理想的なお弁当になります。

ごはんの扱い、詰め方について

○お弁当箱には、まず最初にごはんを詰め、ふたをしないで冷ましておきましょう。詰める前に、小さなざるに広げておくと理想的です。ごはんの余分な熱をとり、水分をとばしてくれるため、冷めてもおいしく食べることができます。炊きたてを詰めると入りすぎるので、ごはん茶碗に一度よそって、目安にしてもいいでしょう。
○ごはんはぎゅうぎゅうに詰め込まずに、ふんわりと。ぎっしり詰めると、ごはん粒がつぶれて固まってしまい、台無しです。

おかずの味のこと

○お弁当は作ってから時間の経ったものを食べるものです。熱いうちでないとおいしくないものは、お弁当向きではありません。冷めてもおいしいよう、少し濃いめの味つけを心がけましょう。
○最後までわくわくと食べられるように、味の調和を考えた献立を工夫しましょう。取り合わせは、醤油味、塩味、酸っぱいもの、甘いものが理想的。
○酸味のものがあると変化があってうれしいし、甘いものがあるとほっとする。酸味は梅干し、ピクルス、梅酢漬けなど日もちするものので。甘みは煮豆や卵焼き、干しあんずなど、ドライフルーツで取り入れるのもおすすめです。
○煮る、焼く、揚げる、蒸すなど、調理法を上手に組み合わせると、さらにバランスのいい献立に。

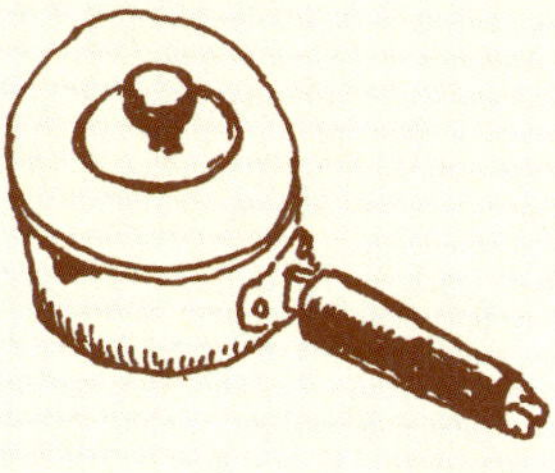

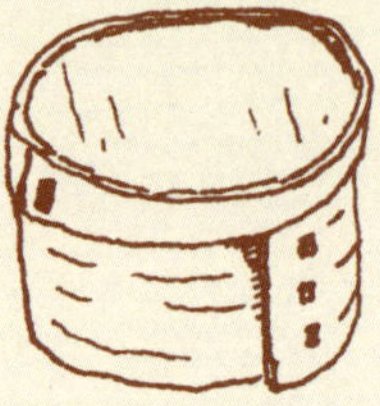

おかずの詰め方のこと

○できるだけすきまのないように、きっちり詰めましょう。

○おかずを詰め、冷ましてからふたをしましょう。熱いうちにふたをすると、蒸気が水滴となって味を落とし、傷みやすくなります。

○冷蔵庫から出した冷たいおかずは、作りたてのおかずが冷めてから詰めるようにしましょう。

○汁気の多いものは、他のおかずの味を損ねて傷みやすくしてしまうので、なるべく避けたい。詰める時は汁をよく切り、ラップやホイルケースを利用しましょう。

便利な道具

○少量のおかずが作りやすい、小さな道具をそろえておきましょう。

○小鍋は火の回りがよいので、少しのゆでものをするのに便利。煮ものを作る時も少量の調味料で済みます。

○ミニざるは、水気や汁気切りはもちろん、何個か用意しておけば、ひとつの鍋で数種類の野菜を同時に調理したい時にも便利です。

○まな板として使える小さな板は数枚あると重宝します。使うたびに洗う時間が節約できますから。

○製菓用アルミカップはオーブントースターで焼いても形がくずれないので、冷ましてそのままお弁当に詰めることができます。

○抜き型でかたどった野菜は、それだけでアクセントに。子供だけでなく大人もうれしいものです。

便利な調味料

○にんにく醤油、唐辛子醤油、昆布醤油……。炒めものや煮ものに、自分好みの合わせ調味料を作っておけば、味見なしに手早く好きな

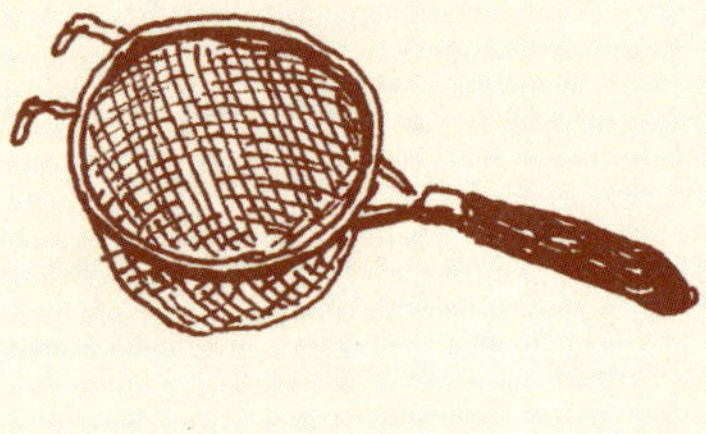

味にしあげることができます。

○おかずに、のり、ごま、かつおぶしをまぶすと、素材の水分が吸収されて余分な汁気が出ません。片栗粉のとろみも、煮ものの汁気をうまい具合にとじてくれます。

○カレー粉は、いつもと違う味にしたい時に重宝。梅酢は華やかなピンク色の漬物の素として、すし酢としても利用できます。

暑い季節のお弁当

○梅雨時から9月いっぱいまでの暑い季節はとくに注意が必要です。

○常備菜や前日の残りものも一度火を通してください。温かいものは完全に冷ましてから詰めること。

○おかずに唐辛子を使ったり、酢を多用する。酢はごはんにも少量ふりかけるとよい。おむすびはラップで握るとよいでしょう。

○防腐作用のある梅干し、青じそ、山椒の葉を入れるようにする。

○塩気の薄いあえものは味が変わりやすいので入れない方がいい。

○お弁当箱に保冷材をのせていくのも効果的。

○お弁当箱や調理道具の殺菌も念入りにしましょう。

寒い季節のお弁当

○寒い時はバターで炒めたものはなるべく避けたいもの。冷えると固まっておいしくなくなります。

○汁気が多いものも冷たくなるので避けましょう。

○真冬は冷めても問題がないパンの日を増やすとよいでしょう。パンはビニール袋に入れて持っていくと固くなりません。ごはんなら、食べやすいおむすび、のり巻きに。

○熱いお茶や即席のみそ汁と一緒に食べると体があたたまり、おいしさも増します。

◐この本は、雑誌『クウネル』に連載中の「エブリデイ・マイ弁当」(2002年4月1日号〜2005年9月1日号)の記事に、加筆・訂正、あらたな取材を加えて再編集したものです。ご登場いただいた読者の皆さんの名前、年齢、職業については、一部の方をのぞいて、掲載当時のままを載せさせていただいておりますことを、ご了承ください。

◐『クウネル』のホームページでは、常時、読者の方々の手作りのお弁当と、それにまつわるストーリーを募集しています。通学用、通勤用、毎日自分のため、家族のためにお弁当を作っている皆さん。あなたのお弁当ライフをおしえてください。http://kunel.magazine.co.jp

◐レシピの表記について
・材料表の分量は、基本的には、まとめて作りやすい分量になっています。それ以外の場合のみ表記しています。
・分量表記の1カップは200mℓ、大さじ1は15mℓ、小さじ1は5mℓを基準にしています。1mℓは1ccです。

取材・文———熊谷直子
写真———石川美香、瀧岡健太郎、高橋 進
イラストレーション———川原真由美
アートディレクション———有山達也
デザイン———池田千草(アリヤマデザインストア)
校正———山根隆子(東京出版サービスセンター)
企画・編集———鈴木るみこ

私たちのお弁当

2005年9月20日 第1刷発行

編者———クウネルお弁当隊
発行者———石﨑 孟
発行所———株式会社マガジンハウス
〒104-8003 東京都中央区銀座3-13-10
電話 書籍営業部/03(3545)7175
編集部/03(3545)7060
印刷所・製本所———凸版印刷株式会社

ISBN4-8387-1615-X C2077